CHINA

who?

인물 중국사

글 김승민

한국 만화 스토리 작가 협회 소속으로, 어린이에게 재미와 감동을 주는 책을 쓰기 위해 노력하는 작가입니다.
홍보 만화와 창작 만화, 인물 학습 만화, 과학 학습 만화 등을 작업하고 있습니다. 작품으로는 《KBS 스펀지 2.0
학습 만화》 시리즈(9권)와 《한 발 먼저 알자! 알자! 통일 신라와 발해》, 《역사 로드 한국사》 등이 있습니다.

그림 이대종

2007년부터 교양 만화를 그리기 시작했습니다. 조금 더 재미있고 유익한 만화를 만들기 위해 늘 고민하고
있습니다. 대표작으로는 《수학 삼국지》, 《카툰 영어》, 《카툰 국사》, 《만화 데카르트 방법서설》,
《SOS 과학구조대 황사의 습격에서 지구를 구하라》, 《who? 한국사 김옥균》 등이 있습니다.

감수 장의식(중국사학회)

고려대학교에서 중국 근대사를 전공한 문학 박사로, 대구대학교 역사교육과 명예 교수로 있습니다.
중국사학회 회장을 맡고 있으며, 주요 논저로는 《19세기 중국사회: 서양의 충격과 대응(공저)》,
《역사 이야기》 등이 있습니다.

감수 김종건(중국사학회)

경북대학교에서 중국 근대사를 전공한 문학 박사로, 대구한의대학교 기초교양대학에서 강의하고 있습니다.
중국사학회 부회장을 맡고 있으며, 주요 논저로는 《중국 근대화를 이끈 걸출한 인물들(공저)》,
《간신과 충신(공저)》 등이 있습니다.

증국번 · 호설암

초판 1쇄 인쇄 2020년 11월 20일
초판 1쇄 발행 2020년 12월 14일

글 김승민 **그림** 이대종 **표지화** 신춘성
펴낸이 김선식

경영총괄 김은영
콘텐츠개발본부장 채정은 **콘텐츠개발 1팀** 전희선 권유선 남정임 최서원
마케팅사업본부장 도건홍 **마케팅 1팀** 오하나 유영은 **마케팅 2팀** 안지혜 이소영 **마케팅 3팀** 안호성
영업본부장 오선희 **영업팀** 이선희 조지영 강민재
저작권팀 한승빈 김재원
경영관리본부 허대우 하미선 박상민 김형준 윤이경 권송이 김민아 이소희 김재경 최완규 이우철
외주편집 조경인 원선희 구나연 **북디자인 포맷** 박연주 이유정

펴낸곳 다산북스 **출판등록** 2005년 12월 23일 제313-2005-00277호
주소 경기도 파주시 회동길 357 2층 **전화** 02-703-1723 **팩스** 070-8233-1727
다산어린이 공식 카페 cafe.naver.com/dasankids **who? 시리즈몰** www.whomall.co.kr
종이 · 인쇄 · 제본 (주)갑우문화사

ISBN 979-11-306-3237-7 (14990)

증국번 · 호설암

다산
어린이

중국의 역사를 알면 우리 역사가 보입니다

우리나라와 거리상 가장 가까이 있는 나라는 어디일까요? 바로 중국입니다. 지금은 러시아와도 국경을 맞대고 있지만 100년 전만 하더라도 우리와 국경을 맞댄 나라는 중국뿐이었습니다.

이러한 중국은 우리에게 어떤 의미를 가질까요? 긍정적인 면과 부정적인 면이 공존할 것입니다. 바로 이웃하여 살다 보니 좋은 것은 가장 먼저 취할 수 있었지만, 침략도 받고 간섭도 받았지요. 앞으로도 우리나라와 중국은 서로 크고 작은 영향을 주고받으며 살아갈 것입니다.

중국은 메소포타미아, 인더스, 이집트와 함께 인류의 문명이 시작된 세계 4대 지역 중 하나입니다. 다른 고대 문명이 지금은 사라진 것과는 달리, 중국은 세계 2대 강국으로 올라서 있습니다. 또한 중국은 예부터 가장 많은 사람이 살았고, 지금도 세계에서 가장 인구가 많은 나라입니다. 그러다 보니 중국에는 수많은 영웅호걸과 걸출한 인물들이 나타났습니다. 이들의 일생을 살펴보는 것은 중국 역사의 큰 흐름을 보는 지름길입니다. 이들이 민중과 함께 중국 역사의 큰 흐름을 만들어 나갔기 때문이지요.

《who? 인물 중국사》 시리즈는 중국의 장대한 역사 속에서 결코 빼놓을 수 없는 인물을 추려 그들의 일대기를 살펴봄으로써 중국 역사의 큰 흐름을 짚어 내고자 한 야심 찬 작품입니다. 이 시리즈가 이웃 나라인 중국 역사에 대한 더 넓고 깊은 이해를 돕는 훌륭한 안내자 역할을 하리라 기대하며, 나아가 역사의 거울을 통해 우리의 현재와 미래도 들여다보는 계기가 되기를 바랍니다.

역사는 누가 만들어 갈까요? 지진이나 전염병과 같은 수많은 요소들이 있지만, 역사를 만드는 주체는 역시 인간입니다. 역사를 개별 사건으로 접근한 것이 아니라 사람을 통해 접근했다는 점이 《who? 인물 중국사》 시리즈의 남다른 장점이라 생각합니다. 이 시리즈를 만난 여러분은 '중국 역사'라는 흥미진진한 미지의 세계를 탐험하는 함선에 오른 선장입니다. 모험과 열정으로 가득 찬 이 탐험을 통해 더 큰 꿈과 상상력을 키워 가길 기원합니다.

사람은 사람을 통해 배웁니다. 모든 사람이 나의 스승인 셈입니다. 역사 인물은 더욱 그러합니다.

장의식 중국사학회 회장, 대구대학교 역사교육과 명예 교수
고려대학교에서 중국 근대사를 전공한 문학 박사로, 대구대학교 역사교육과 명예 교수로 있습니다. 중국사학회 회장을 맡고 있으며, 주요 논저로는 《19세기 중국사회: 서양의 충격과 대응(공저)》, 《역사 이야기》 등이 있습니다.

중국의 미래를 알고 싶을 때 보는 책

중국은 역사, 문화적으로 우리와 많은 연관이 있는 나라이며, 앞으로 통일이 되면 더 많은 교류를 하게 될 나라이므로 관심을 가지는 것이 중요합니다. 중국을 이해하려면 먼저 그곳에 살고 있는 중국인에 대해 알아야 합니다.

《who? 인물 중국사》시리즈는 중국 역사 속 인물을 만화를 통해 쉽고 재미있게 설명했습니다. 이들의 삶 속에는 중국 역사, 정치, 경제, 문화가 스며들어 있어, 읽다 보면 자연스럽게 중국에 대해 이해할 수 있습니다. 다음《who?》시리즈의 주인공은 바로 여러분이 될 것이라고 확신하며 이 책을 추천합니다.

이영순 서울중등중국어교과교육연구회 회장

이화여자대학교 외국어교육특수대학원 국제중국어교육 석사 학위를 받았습니다. 현재 용화여자고등학교 중국어 교사로 재직 중이며, 서울중등중국어교과교육연구회 회장을 맡고 있습니다. 초중고 중국어 교육에 관심이 많은 이영순 선생님은 CPIK(중국어 원어민 보조교사)와 협력 수업에 관한 강사로도 활동하고 있습니다.

21세기 세계 무대에서 활약할 어린이의 필독서

《who? 인물 중국사》시리즈는 공자, 맹자를 비롯하여 삼국지의 유비, 조조, 제갈량 같은 고전 속 인물뿐만 아니라 현대 중국의 지도자에 이르기까지 과거와 현재를 아우르는 인물들의 이야기를 다루고 있습니다. 여러분은 재미있는 인물 이야기를 통해 흥미진진한 모험과 역경, 도전과 성공 등 중국 역사의 중요한 장면들을 만나게 될 것입니다.

여러분이 이 책을 통해 중국 문화와 역사를 더욱 깊이 있게 이해하고, 나아가 세계 무대에서 활약하기를 진심으로 응원합니다.

문정아 중국어연구소 소장

2002년부터 중국어를 가르치기 시작하여 2003년에 '문정아중국어연구소'를 설립했고, '누구나, 마음껏, 제대로 중국어를 배울 수 있도록 돕겠다'는 약속을 지켜 오고 있습니다. www.no1hsk.co.kr 에서 다양한 콘텐츠를 제작, 보급하고 있습니다. 저서로는 《중국어 천재가 된 홍대리》, 《문정아 리듬중국어 STEP 1~10》, 《문정아의 중국어 어법 교과서》 등이 있습니다.

인물 만화

만화로 읽으면 중국사가 쉬워집니다.
생동감 넘치는 그림 연출과
몰입도 높은 대사를 통해
어렵게만 느껴졌던 중국 역사를
쉽고 재미있게 이해할 수 있습니다.

중국사를 알면
한국사가 쉬워져요!

역사 바로보기

만화로 만난 인물, 사건과 관련된
심화 정보를 사진과 함께 담았습니다.
중국의 정치, 사회, 과학, 문화 등
다양한 교과 연계 학습이 가능한
배경지식과 시사 상식이 가득합니다.

알찬 정보와
생생한 사진이 쏙쏙!

중국사 탐구

인물에 대한 재미있는 퀴즈를 풀어 보고, 역사와 관련된 장소를 찾아가 봅니다.
우리가 흔히 쓰는 고사성어의 유래를 알아보고, 흥미로운 주제로 찬반 토론도 해 봅니다.
더불어 시대별 연표를 통해 한국사와 통합적 이해를 도와줍니다.

복습까지 꼼꼼하게!
한국사와 통합 학습에
필요한 연표까지!

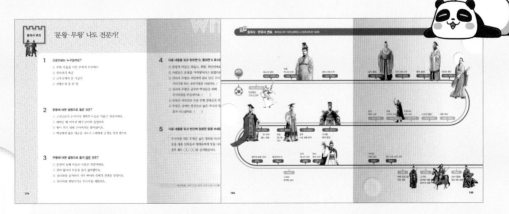

차 례

1616년

1811년　　1823년

청나라
건국

한족 출신 청나라 관리
증국번
1811~1872

원래 이름은 '증자성'입니다. 청나라에 반기를 든
태평천국의 난을 진압하기 위해 민병을 모아 군대를
창설하고 지휘합니다. 서양 문물과 기술을 받아들여
근대화를 이루려는 양무운동에도 앞장섰습니다.

증국번의 아버지
증린서
?~?

증국번의 아버지로, 서당을 운영하며 과거를 준비하는
서생이었습니다. 증국번에게 근면과 끈기의 모범이
되었습니다.

증국번의 후원자
목창아
1782~1856

만주족 출신의 청나라 고위 관리입니다. 증국번이
한림원에 들어갔을 때 그를 눈여겨보고 후원자를
자처했으며, '나라의 울타리'라는 뜻의 '국번'이라는
이름을 새로 지어 주었습니다.

증국번의 제자
이홍장
1823~1901

증국번과 같은 한족 출신 관리로, 증국번 문하에서 과거
공부를 했습니다. 스승 증국번과 함께 태평천국의 난을
평정하였고, 양무운동을 적극적으로 추진했습니다.

태평천국의 천왕
홍수전
1814~1864

청나라를 타도하고 모두가 평등한 세상을 세우자는
태평천국 운동을 주도했습니다. 난징을 점령하고
태평천국을 세웠으나, 14년 만에 증국번과 이홍장 등이
이끄는 한족 의용군에 의해 멸망하고 맙니다.

청나라 최고의 거상
호설암
1823~1885

청나라 말기에 활약했던 사업가입니다. 작은 전장의 견습 사환으로 시작하여, 뛰어난 사업 수완으로 막대한 부를 이루었습니다. 가난과 질병에 시달리는 백성을 구휼하고, 양무운동을 경제적으로 지원했어요.

호설암과 의형제를 맺은
왕유령
1810~1861

호설암의 도움으로 관직을 사서 저장성 해운국의 책임자가 되었습니다. 항저우로 부임하여 호설암이 부강 전장을 설립하는 데 도움을 주었습니다. 항저우가 태평천국군에 포위되자 스스로 목숨을 끊었습니다.

호설암의 정치적 후원자
좌종당
1812~1885

저장성 순무로 부임하여 태평천국군으로부터 저장성을 되찾았습니다. 호설암은 좌종당을 경제적으로 지원하였고, 좌종당은 호설암의 든든한 후원자가 되어 주었습니다. 청프 전쟁에서 패한 후 권력을 잃게 됩니다.

증국번과 호설암이 활동한 시대는?

19세기 중반 청나라는 안으로는 태평천국의 난, 밖으로는 서양 열강의 침탈로 인해 봉건적 지배 체제의 위기를 겪고 있었습니다. 증국번은 한족 신사층 출신으로, 기존의 봉건 체제를 무너뜨리려는 태평천국 사상에 반감을 가졌습니다. 그리하여 청나라 황실의 편에 서서 태평천국 진압에 앞장섰습니다. 또한 양무운동을 추진하여 서양의 발전된 기술을 도입하여 나라를 부강하게 만들고자 했습니다. 한편 호설암은 청나라 말기 혼돈의 상황 속에서 시대의 흐름을 읽어 내는 탁월함으로 사업 수완을 발휘하며 청나라 최고의 부자가 되었습니다. 증국번과 호설암의 이야기를 통해 청나라 말기 격변의 시대 속으로 들어가 봅시다.

인물 관계도

증국번과 주변 인물
호설암과 주변 인물

증국번과 주변 인물

증국번의
아버지
증린서

만주족 출신
고관
목창아

증국번의 스승
구양후균

청나라에 충성한
관리
증국번

증국번에게
태평천국 진압을
명한
함풍제

증국번의 제자
이홍장

태평천국의
지도자
홍수전

─── 가족 관계

⟷ 적대 관계

─── 우호 관계

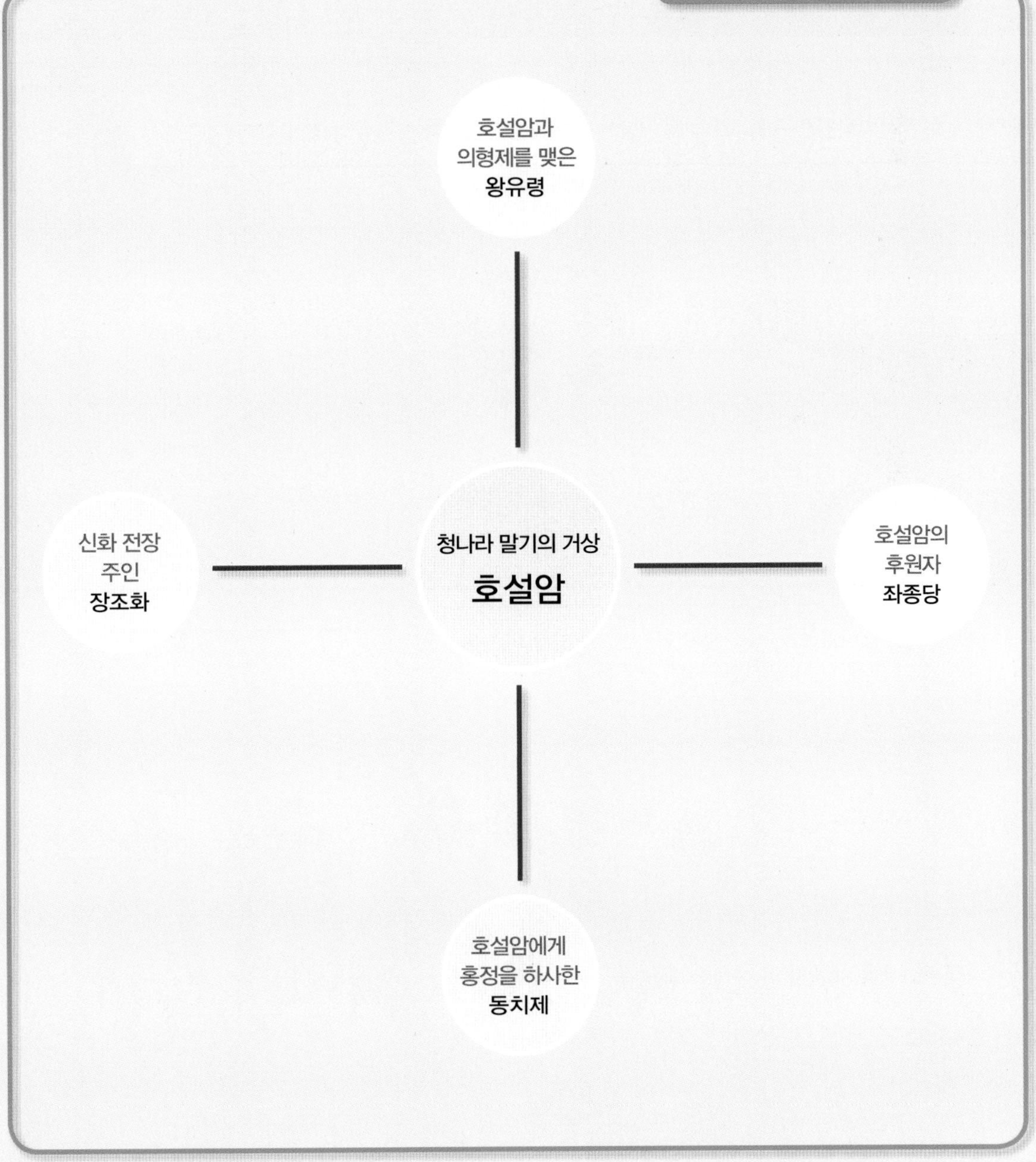

호설암과
의형제를 맺은
왕유령

신화 전장
주인
장조화

청나라 말기의 거상
호설암

호설암의
후원자
좌종당

호설암에게
홍정을 하사한
동치제

청나라는 4대 황제 강희제 때부터 옹정제를 거쳐 건륭제 때까지 140여 년간 크게 발전하며 전성기를 누렸습니다.

그러나 나라가 부유해지자 황실의 사치와 지도층의 부정부패가 심해졌고, 백성들의 삶은 힘들어졌습니다.
또한 광대한 영토와 폭발적인 인구 증가로 인해 지방에 대한 조정의 통제력은 점차 약해졌습니다.

국고가 차고 넘치는데
무슨 걱정입니까?
산해진미나 맛보면서
놀아 봅시다!

우리는 세금을
내느라 허리가 휘는데
관리란 자들은 흥청망청
노느라 바쁘군.

청나라는 쇠퇴의 길로 접어들었고, 나라 안팎으로 위기를 맞게 되었습니다.
내부의 위기는 1851년 홍수전이 일으킨 태평천국 운동이었습니다.
많은 농민들이 이에 가담하여 청나라 타도를 외쳤습니다.

청나라를 무너뜨리고,
모두가 평등한
태평천국을 세웁시다!

나라 밖으로는 청나라에서 이권을 차지하기 위한 서구 강대국들의 침탈이 본격화되었습니다.
두 차례의 *아편 전쟁은 청나라의 몰락을 재촉했습니다.

* **아편 전쟁** 1840년대와 1850년대 두 차례에 걸쳐 영국이 청나라에서 이권을 차지하기 위해 벌인 전쟁

바람 앞의 등불 같은 위기 속에서 청나라의 수호자로 등장한 인물이 바로 증국번입니다.
한족 출신 관리 증국번은 민병을 모아 태평천국 진압에 앞장섰습니다.
개혁 개방의 소용돌이 속에서 맨주먹으로 인생을 개척한 사업가도 있었는데, 그는 '장사의 신'으로
불리는 호설암입니다. 증국번과 호설암의 일생을 통해 청나라 말기 격변의 역사를 살펴볼까요?

끝없이
노력하는 소년

1811년 중국 후난성 상상현에서 태어난 증국번의 어릴 적 이름은 증자성이었습니다. 증국번의 집안은 한족이었고, 아버지 증린서는 오랫동안 과거 시험을 준비하면서 서당을 운영하고 있었습니다.

자왈, 학이시습지
불역열호~

우물쭈물

자성아,
이 녀석!

책은 안 읽고
무슨 딴생각을
하고 있느냐!

딴생각을 한 게 아니라
글자를 잘 몰라서
읽을 수가 없어요.

아직도 모르겠단
말이냐?

안 되겠다.
오늘도 남아서
공부하거라.

이제 무슨 뜻인지
알겠니?

으음,
잘 모르겠어요.

처음부터 다시
천천히 설명해 줄 테니
잘 듣거라.

어느 해, 증국번이 부모님과 함께 배를 타고 외갓집으로 가는 길이었습니다.

외할아버지는 어떤 분이세요?

한번 마음먹으면 결코 뜻을 굽히는 법이 없는 분이지. 지금은 학당을 세워 제자들에게 학문을 가르치고 계신단다.

네 어머니랑 혼인하고 얼마 되지 않아 네 외할아버지께서 내게 하신 말씀이 있지.

뭐라고 하셨는데요?

자네가 포기하지 않고 과거 공부에 매진한다면 언젠가 결실을 맺을 걸세.

저도 열심히 공부하면 과거에 합격할 수 있을까요?

당연하지. 이 아비도 포기하지 않을 테니 너도 열심히 하거라.

그래서 나는 과거 시험에 여러 번 떨어졌을지언정 절대 포기할 생각은 없단다.

끝없이 노력하는 소년 **19**

와, 물고기들이 엄청 많네! 물고기야, 이리 와.

앗!

자성아!

자성아, 아버지가 가마!

어푸어푸!

자성아, 나무토막을 붙잡아라!

으허엉······ 흑흑.

헤엄도 못 치는
내가 마음만 앞서서 물에
뛰어들었다면 우리 둘 다
큰일 날 뻔했구나.
네 어머니의 기지
덕분에 살았다.

어머니,
고맙습니다.

자성아,
죽을 고비가 닥친다 해도
정신을 똑바로 차리면
헤쳐 나갈 방도를 찾을 수
있단다. 알겠니?

네, 어머니.

1826년, 열여섯 살의 증국번은 과거 시험 준비를 위해 서원에 들어갔습니다.

앞으로 널 가르쳐 주실 구양후균 선생님이시다. 인사드리거라.

악록서원

안녕하십니까. 증자성이라 합니다.

스승

그래, 학업의 성취를 이루는 데 자질보다 중요한 것은 꾸준한 노력이니 열심히 해 보거라.

스승님의 학문은 정말 깊고 넓구나. 사람들에게 존경받는 이유를 알겠어.

학문에 대한 열정과 끈기가 남다르군. 크게 될 재목이야.

구양후균은 성실한 증국번이 마음에 들어 자신의 딸과 맺어 주고 싶었습니다.

자성이도 혼인할 나이가 되지 않았습니까?

그렇지요. 하지만 아직 벼슬길에 오르지 못해 좋은 혼처는 꿈도 못 꿉니다.

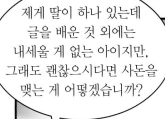
제게 딸이 하나 있는데 글을 배운 것 외에는 내세울 게 없는 아이지만, 그래도 괜찮으시다면 사돈을 맺는 게 어떻겠습니까?

정말입니까? 선생의 여식이라면 반대할 이유가 없지요!

스승님, 이 은혜를 평생 갚아도 모자랄 것입니다!

증국번은 스승인 구양후균의 딸과 혼인하였고, 평생 아내와 사이가 좋았습니다.

증국번은 스물네 살에 성 단위로 치러지는 과거 시험인 성시에 급제했고,
다음 단계의 시험을 치르기 위해 베이징으로 떠났습니다.

꼭 합격해서
돌아오겠습니다.

여보,
다녀오리다.

하지만 베이징에서 치른 시험에서 증국번은
낙방의 쓴맛을 보았습니다.

휴,
낙방이로군.

합격의 문턱은
높기만 하구나.

책 싸게
팝니다!

어! 저건 내가
꼭 읽어 보고 싶었던
역사 전집이잖아.

과거를 준비하는 서생 같은데, 특별히 싸게 드릴게요.

사고는 싶은데 지금은 돈이 한 푼도 없어서요.

엥, 돈 없으면 가던 길 가시구려.

어떻게든 돈을 구해 올 테니 다른 사람에게 팔지 마세요.

증국번은 친구에게 돈을 꾸고, 입고 있던 옷가지를 전당포에 맡겨 돈을 마련한 끝에 사고 싶은 책을 잔뜩 구입했습니다.

과거에서는 떨어지고 책만 잔뜩 사 왔다고 아버지께서 화를 내시지 않을까?

자성아,
이게 다 무엇이냐?

꼭 읽고 싶었던 책을
싸게 팔길래 친구에게 돈을 빌리고
옷가지를 전당포에 맡겨
돈을 마련해 모두 샀습니다.
죄송합니다, 아버지.

흠

허허허,
책만큼은 욕심내도
괜찮다.

감사합니다,
아버지!

증국번은 스물일곱 살에 마침내 최종 과거 시험에 합격하여 *한림원에 입성했습니다.

이제부터
시작이구나!

어느 날, 증국번은 황제의 총애를 받는 만주족 출신의 고위 관리 목창아의 부름을 받았습니다.

내가 자네의 과거 시험 답안을 보고 자네가 뛰어난 인재라 여겨 한림원에 추천했네.

대감께 큰 은혜를 입었습니다.

그런데 자네 이름 말일세. '자성'이란 이름은 뭔가 아쉬워. '나라의 울타리'라는 뜻의 '국번'으로 고치면 어떻겠나?

대감께서 직접 이름을 지어 주시다니 감사할 따름입니다. 오늘부터 이름을 증국번이라 하겠습니다.

증국번은 목창아의 후원을 받으며 승승장구하게 되었습니다. 그리고 이 무렵 첫 아들이 태어나는 경사를 맞이했습니다.

* **한림원** 학술 활동과 조서 작성 등을 담당한 황제 직속 기관

증국번의 일생

19세기 청나라는 서구 열강의 침탈에 의해 반식민지로
전락하였고, 힘든 현실에 불만을 품은 백성들의 민란이
끊이지 않았습니다. 증국번은 이러한 혼란한 청나라 말기에
후난성 상상현에서 태어났어요. 27세에 과거에 합격한 그는
한림원을 시작으로 병부 시랑, 예부 시랑의 벼슬을 두루
거쳤으며, 당시 황실과 조정에 수시로 직설적이고 대담한
간언을 올려 이목을 끌었습니다.

증국번

태평천국의 난을 진압하다

1851년, 홍수전이 이끄는 태평천국 반란군이 세력을 떨쳐 강남을
휩쓸었습니다. 향촌의 실질적인 지배층이었던 한족 신사층(향촌에
살던 과거 합격자나 퇴직한 벼슬아치)은 태평천국의 기세에
위협을 느꼈습니다.
당시 어머니의 상을 치르러 고향인 후난성에 내려와
있던 증국번은 민병을 모집하여 '상군'이라는 군대를
창설했어요. 또한 그의 제자 이홍장이 창설한 '회군'과
함께 무력해진 청나라의 관군을 대신해 태평천국
토벌에 나섰습니다.
태평천국군에 밀리기만 하던 청나라 조정 입장에서는
증국번, 이홍장 등의 활약이 한 줄기 빛과도

증국번이 살았던 집

같았습니다. 따라서 만주족이 득세한 청나라 조정에서 한족 출신
관리의 위상이 커지는 계기가 되었습니다.
1864년, 증국번 등이 이끄는 청나라 군대가 태평천국이 점령했던
난징을 수복하면서 태평천국의 난은 14년 만에 평정되었습니다.

양무운동의 선구자

태평천국의 난을 진압한 후 증국번은 서양의
선진 기술을 도입하여 청나라의 발전을 이루려는
양무운동을 적극 추진했습니다. 매년 인재들을
선발하여 외국으로 유학을 보내 서양의 문물을 배워
오도록 했고, 군대 조직과 무기를 신식화하고자
노력했어요. 무기를 만드는 군수 공장, 배를 만드는
조선소 등을 건설하는 등 청나라의 부국강병을 위해
애썼습니다.

증국번이 이끈 상군 병사들

증국번은 보수적인 관료였지만 국가 발전을 위해서는
편향된 사고를 버려야 한다는 실용주의적인 태도를 취했어요.
그래서 오늘날 증국번을 '양무운동의 창시자'로 평가합니다.

노력과 신념의 인물, 증국번

증국번은 타고난 귀재는 아니었지만 자신의 부족한
부분을 근면과 성실로 채울 줄 아는 노력파였어요.
그리고 한번 뜻을 품으면 끝까지 밀고 나가는 신념을
가진 인물이었습니다. 사람들은 이런 증국번을
'굴강(倔强)'이라고 불렀지요. 굴강은 완강하고 고집이
세서 굽힐 줄 모른다는 뜻입니다.

청나라 관리들의 회의 모습을 재현한 전시물

증국번은 매일 일기를 쓰는 습관을 통해 자신을
돌아보았어요. 또한 신중한 원칙주의자로서 불의와 관행에
타협하지 않았습니다. 오늘날 중국인들은 모범적인 관리의
전형으로 증국번을 꼽습니다. 증국번은 1871년 이홍장에게
직예 총독직을 인계하고 은퇴한 뒤, 이듬해 세상을 떠났습니다.

증국번에 대한 평가

증국번이 세상을 떠나자 청나라 황제 동치제는 증국번에게 '문정'이라는 시호를 내리고, 충성심과 애국심을 높이 평가했어요.

증국번은 의리와 도덕을 중요하게 생각했고, 죽는 날까지 나라에 충성한 관리였습니다.

그런데 1920년대 이후 중국번은 비판을 받기도 했어요. 근현대에 들어 태평천국의 난은 평등한 세상을 만들기 위해 봉기한 민중 운동으로 평가받으며 '태평천국 운동'이라 일컬어졌습니다. 따라서 태평천국 운동을 진압한 증국번은 민중 운동을 탄압한 인물로 지탄받았어요. 또 한족 출신이면서 만주족 황실에 충성했다는 이유로 한족의 배신자로 비난을 받기도 했습니다.

증국번이 공부했던 악록 서원

하지만 오늘날 중국인들의 평가는 다시 달라졌습니다. 증국번의 유연하고 현실적인 정책과 미래를 내다보는 혜안, 적재적소에 인재를 등용하고 후계자를 양성하는 능력, 실용적인 제도 개혁으로 이념적 대립보다는 현실의 국익을 앞세우는 실용성 등은 현재 중국이 추진하는 개혁·개방 정책에 필요한 덕목이기 때문입니다.

who? 역사 뛰어넘기 　　만주족에게 차별받은 한족

청나라 황제의 용포

청나라를 지배한 만주족은 인구의 다수를 차지하는 한족을 어떻게 대우해야 할지 고민이 많았어요. 한족을 노골적으로 멸시하면 봉기가 곳곳에서 일어나 원나라처럼 중원에서 쫓겨날 수도 있었으니까요. 그래서 겉으로는 한족 문화를 인정하고 한족을 만주족과 동등하게 대우하는 것처럼 했지만, 실질적으로는 만주족이 철저하게 권력을 쥐고 한족을 감시하고 견제했지요. 태평천국이 한족 세력을 모아 반란을 일으킨 것도 이런 뿌리 깊은 앙금이 있었기 때문입니다.

편지를 많이 쓰신 걸로 유명하던데요?

일생 동안 약 5,000통의 편지를 썼어요. 그중에 가족들과 주고받은 편지가 1,500통 정도 됩니다.

아들과 주고받은 편지가 책으로 만들어져서 지금도 중국 사람들이 많이 읽는다고 들었어요. 어떤 내용의 편지를 주로 쓰셨나요?

아들과 주고받은 편지를 엮은 책 《증국번 가서》를 말하는 거군요. 아들에게 쓴 편지에는 주로 좋은 책을 소개하는 내용이 많아요. 역사 속 여러 인물들의 재미있는 일화도 자주 소개했지요. 그 외 말과 행동을 신중하게 하는 법, 어른을 공손히 대하는 법, 공부하는 법, 시간을 잘 보내는 법 등 아들에게 해 주고 싶은 말들을 편지로 썼답니다.

집을 떠나 있을 때가 많아서 편지를 썼나 봐.

편지로 애틋한 마음이 전해졌을 것 같아.

증국번은 정말 자상한 아버지였구나.

2 태평천국에 맞서다

청나라가 영국 상인들로부터 아편을 몰수하면서, 두 나라 사이의 무역 갈등이
결국 전쟁으로 번졌습니다. 이것이 바로 1840년에 발생한 제1차 아편 전쟁입니다.

아편 전쟁에서 패한 청나라는 영국과 난징 조약을 맺었습니다. 막대한 배상금을 무는 한편,
다섯 개 항구를 개방하고, 홍콩을 영국에 넘긴다는 내용이 담긴 불평등 조약이었습니다.

우리 청나라를
날로 먹겠다는
속셈이구나.

뭐라!
민란이 일어날지
모른다고?

청나라 제8대 황제 도광제

감히 민란을 들먹여
나를 기만하려 하다니,
이 상소를 올린 증국번을
엄벌에 처할 것이다!

폐하!
증국번이 젊은 나이에
판단력이 여물지 못하여
저지른 실수이오니
용서해 주시옵소서.

증국번은 한림원에서도
가장 뛰어난 인재입니다.
부디 자비를 베풀어
주시옵소서.

여러 대신들을 봐서
한 번 더 기회를 주겠소.
앞으로 *경거망동하지 않도록
단단히 주의를 주시오.

* **경거망동** 경솔하여 생각 없이 행동함

증국번은 당대의 저명한 실학자이자
원로대신인 당감을 찾아가 조언을
구했습니다.

대감께서 황제 폐하
앞에서 저를 두둔해 주셨다고
들었습니다. 이 은혜를
어찌 갚아야 할지요.

자네가 높은 자리에
올라서더라도 지금의 마음을
잃지 않으면 되네.

정치를 하려면
무엇이 필요합니까?

정해져 있는 것이
아니니 자네가
찾아야지.

《맹자》에 '활을 쏘는 자는
먼저 자신의 몸을 바르게 한 뒤
화살을 쏜다'는 말이 있네.
자기 자신을 먼저 돌아봐야
한다는 거지.

그래! 내 뜻이
받아들여지지 않았다고
실망하기보다는
잘못된 원인을 내 안에서
찾아야 해.

이제부터 매일 일기를 쓰게.
자신을 돌아보고 수양하는
가장 좋은 방법이니 말일세.

명심하겠습니다.

증국번은 매일 일기를 쓰며 자신을 수양하고, 새로운 학문을 익히기 위해 다양한 서적들을 탐독했습니다.

증국번 저 사람, 오늘도 늦게까지 책을 읽고 있군.

어휴, 저러다 쓰러지겠어. 우리가 말려야 하는 거 아냐?

소용없어. 고집이 어찌나 센지 오죽하면 별명이 *굴강이라네.

나도 한림원에서 증국번같이 독한 사람은 처음 보네.

* 굴강 '倔(고집 셀 굴)', '强(굳셀 강)' 자를 쓰며, 고집이 세서 남에게 굽히지 않는다는 뜻

1849년, 어머니께서 세상을 떠났다는 소식을 듣고 증국번은 고향인 후난성으로 내려갔습니다. 증국번은 어머니 무덤 옆에 움막을 짓고 삼년상을 치르기로 결심했습니다.

고향을 떠나 어머니를 제대로 모시지 못한 제 불효를 용서해 주십시오.

한편, 아편 전쟁 이후 백성들의 삶은 더욱 힘들어지고 청나라 황실에 대한 불만이 쌓여 갔습니다. 이때 자신이 *상제의 아들이라 주장하는 홍수전이라는 인물이 나타나 배상제회라는 종교를 포교했습니다.

언제까지 우리 한족이 만주족 지배하에서 차별받아야 합니까! 상제 앞에서는 모두가 평등합니다. 상제를 믿으면 모두가 평등하게 잘살 수 있습니다!

모두가 평등한 세상이 오면 우리가 손해 볼 건 없지.

저 말이 사실일까?

* **상제** 중국에 크리스트교가 처음 포교됐을 때 하느님을 이르던 말

홍수전은 토지의 균등 분배, 평등 사회, 청나라 타도를 부르짖으며 농민들의 지지를 얻었습니다.
그리고 마침내 1851년 '태평천국'이라는 그들만의 나라를 세웁니다. 역사에서는 이를 '태평천국 운동'이라 부릅니다.

광시성 진텐촌에서 봉기한 태평천국군은 청나라 관군을 상대로 한 전투에서
거듭 승리를 거두며 파죽지세로 북쪽으로 진군했습니다.

*창사

순무님, 태평천국 반란군이 이곳 창사로 진군하고 있다 합니다!

후난성 순무 장양기

큰일이군. 관군으로 막아 낼 수 있겠나?

반란군의 수가 점점 늘어나고 있는 데다가 조직력 또한 만만치 않아 관군만으로는 상대하기 어렵습니다.

그럼 어찌해야 하겠나?

일반 백성들을 모아 민병을 조직하면 어떨까요?

민병 조직이라……. 그 일을 누구한테 맡기면 좋겠나?

* **창사** 후난성의 성도

* **이부 좌시랑** 관리를 선발하고 임명하는 등의 업무를 담당하는 부서인 이부에서 두 번째로 높은 직책

형님, 태평천국의 기세가 심상치 않습니다.

청나라를 무너뜨리고 한족의 세상을 만들자고 한다지요?

게다가 사람은 누구나 평등하고, 토지를 똑같이 나누어 가져야 한다고 주장한답니다.

증국화

증국전

엄연히 신분과 계급의 질서가 있는 법인데, 어찌 모두가 평등할 수 있단 말인가?

토지도 그렇지요. 조상 대대로 내려온 토지를 누구 마음대로 나누어 가진답니까!

태평천국이 더 커지면 우리 한족 지주들은 기반을 잃고 말 걸세. 안 그렇습니까, 형님?

청나라의 위기로구나. 이런 민란이 일어날 것을 오래전부터 예상했지만, 순식간에 들불처럼 번질 줄이야······.

태평천국이 세를 확장하자, 지방의 세력가였던 한족 *신사층은 위기감을 느꼈습니다.

며칠 뒤, 증국번은 장양기의 초청으로 창사성을 방문했습니다.

관군이 태평천국군의 기세에 턱없이 밀리고 있다는 것을 증 대인께서도 아실 겁니다.

증 대인, 민병을 조직하는 일에 앞장서 주십시오. 증 대인의 도움이 꼭 필요합니다.

알다마다요. 저 또한 걱정이 큽니다.

민병 말입니까?

그렇습니다. 증 대인처럼 자격과 명망을 갖춘 분이 민병 조직에 앞장서 주신다면 희망이 있을 것입니다.

하지만 어머니의 상이 끝나지 않았는데……

* **신사층** 명·청대에 정치·경제·사회·문화 등 여러 방면에서 영향을 행사한 지식인 지배 계층

효를 다할 것인가, 나라를 구하는 일에 나설 것인가.

형님!

순무께서 형님에게 민병 조직을 맡아 달라 하셨다면서요?

그래. 하지만 아직 결정하지 못했다.

지금이 바로 형님의 뜻을 펼칠 기회인데 왜 망설이십니까?

어머니의 삼년상이 끝나지 않았는데 어찌 묘를 떠나겠느냐.

신하로서 나라를 지키는 것은 의로운 일이니 어머니께서 살아 계셨다면 분명 그리하라 하셨을 겁니다.

네 말이 맞다. 나라가 위기에 처했는데 망설인다면 어머니 앞에서 부끄러운 일이 될 것이다.

증 대인께서 군사 지휘관을 맡아 주신다니 든든합니다.

사력을 다해 싸우겠습니다.

증국번은 곧장 민병대를 조직하는 일에 나섰습니다.

자네들 소식 들었어? 태평천국군과 싸울 *의용군을 모집한대.

관군이 태평천국군에 밀리고 있다더니 그 말이 사실인가 보군.

태평천국 신도들은 모두가 평등하고, 땅을 똑같이 나누어 받는다던데?

그러면 자네도 태평천국에 들어가려고?

그게 정말이라면 태평천국을 따라야지.

* **의용군** 국가나 사회가 위급할 때 민간인이 자발적으로 참여하여 조직된 군대

증국번은 민간인으로 구성된 민병과 기존의 관군을 재정비하여 *상군을 창건했습니다.

* **상군** 증국번이 태평천국군에 대항하기 위해 후난성 출신 사람들로 편성한 군대

상군은 다음의 세 가지 원칙 아래 조직되었습니다.
첫째, 사병들은 모두 후난성 출신이어야 한다.
둘째, 혈연관계가 있는 사병들은 한 조직 안에서 같이 싸우게 한다.
셋째, 조직과 지휘 체계를 확고히 지켜 전투력을 강화하고, 증국번이 총지휘를 맡는다.

나는 상군을 천하에서 가장 용맹한 군대로 만들어 반란의 무리로부터 우리 고향과 가족들을 지켜 낼 것이오!

와아

와아

상군이 창건되자 증국번의 동생들이 찾아왔습니다.

저희도 상군에 들어가 함께 싸우겠습니다.

형님께 도움이 되고 싶어서 왔습니다.

고맙구나! 범을 잡으려면 믿을 만한 사람과 함께하라는 말이 있다. 전장에서 가족만큼 믿을 만한 사람이 또 어디 있겠느냐.

청나라 조정

이부 좌시랑 증국번이 민병을 모집해 상군을 창건했다지?

청나라 제9대 황제 함풍제

예, 그러하옵니다. 모친의 삼년상이 끝나지 않았음에도 나라를 구하는 데 힘을 보태려 나섰다고 하옵니다.

상군의 전투력은 어떠한가?

민간인 병사들이지만 체계적인 훈련을 받았고, 수군까지 갖추었다 합니다.

좋다!
황제의 이름으로 증국번을
후난성 군사 지휘관으로
정식 임명하니, 상군으로
하여금 반란의 무리를
토벌하도록 하라!

황제는 증국번에게 사신을 보내
빠른 출전을 명했습니다.

지금 황제의 명을
거역하겠다는 거요?

폐하께서
출전 명령을 내렸는데
어째서 군대를 움직이지
않는 것이오?

군사들이 아직
싸울 준비가 되지
않았습니다.

훈련이 제대로 되지 않은
군사들을 전쟁에 내보내
패한다면 폐하께 큰 불충이
아니겠습니까!

으흠.

황제의 명을 세 번 거부한 증국번은 1854년, 드디어 상군에 출전을 명했습니다.
강도 높은 훈련과 용맹함으로 무장한 상군은 우창에서 벌어진
태평천국군과의 전투에서 승리를 거두었습니다.

헉헉, 일반 백성으로 구성된 민병대라고 우습게 봤더니 관군보다 훨씬 강하잖아.

우창을 되찾은 증국번에게 큰 상을 내려야겠다!

폐하, 증국번의 공로는 크지만 상군을 경계하셔야 하옵니다.

그게 무슨 말이냐?

증국번이 군사력을 손에 쥐고 있고, 증국번의 형제들도 중책을 맡고 있습니다. 만약 상군의 병력이 더 커진다면 황실에 위협이 될 수도 있사옵니다.

흠, 증국번은 한족 출신이니 속으로 다른 생각을 품을 수도 있겠군.

형님! 지금 책이 눈에 들어오십니까? 형님께서 큰 공을 세웠는데 고작 병부 시랑직을 내리다니요!

한족 출신이라고 홀대하는 것 아니겠습니까!

태평천국이 나라 곳곳에 세력을 확장하고 있는 이때, 출세에 욕심을 내서야 되겠느냐?

그 얘기는 다시 꺼내지 말고, 전투 준비에만 전력을 쏟도록 해라. 알겠느냐?

예, 형님.

폐하께서 나의 충심을 알아주시든 아니든, 나는 나라에 충성을 다할 것이다.

후난성의 자연환경

후난성(호남성)은 중국 남동부에 있는 성으로, 중국의 북쪽과
남쪽을 잇는 교통의 요충지입니다. 평야 지대가 총면적의
20퍼센트에 불과하지만, 둥팅호(동정호)와 샹장강의 풍부한
물이 비옥한 토지를 만들어 중국의 대표적인 곡창 지대로
꼽히는 곳입니다.

춘추 전국 시대에는 초나라에 속하였고, 명나라 때에는
후베이성과 후난성을 합쳐 '호광'이라 했어요. 후난성은
산과 구릉, 호수가 많고 지형이 복잡합니다. 전체 인구의
10퍼센트를 웃도는 다양한 소수 민족이 살고 있지요. 또한
주요 도시마다 각각 언어적 특성이 있어서 대략 여덟 종류의
지방 방언을 쓰고 있어요. 후난성은 아름다운 자연과 다민족,
다문화가 균형 있게 공존하는 지역입니다.

후난성 평황 고성

자연이 만든 걸작품, 장자제

후난성의 서북부에 위치한 장자제(장가계)는 세계적으로 보기
드문 기암절벽과 아름다운 풍경을 자랑하는 곳입니다.
중국인들 사이에는 "사람이 태어나서 장자제에 가
보지 않았다면, 100세가 되어도 어찌 늙었다고 할 수
있겠는가?"라는 말이 있어요. 생전에 꼭 가 봐야 할
만큼 아름다운 풍경이라는 의미입니다.

이곳은 1982년에 장자제 국가 삼림 공원으로
지정되었어요. 독특한 특색의 사암 지형과 3,000여
개의 기기묘묘한 산봉우리가 모여 장관을 이루고
있습니다.

장자제의 풍경

둥팅호와 웨양루

후난성의 둥팅호(동정호)는 '해와 달이 그 속에서 뜨고 지는 것 같다'는 말이 있을 정도로 넓은 호수입니다. 둥팅호 주변의 유적 가운데 가장 유명한 것이 바로 웨양루(악양루)입니다. 웨양루는 둥팅호를 한눈에 감상할 수 있는 아름다운 누각이에요.

그런데 이 웨양루를 더욱 유명하게 만든 것은 당나라의 시인 두보가 쓴 〈등악양루〉란 한시 때문이지요. 시에는 이런 구절이 있어요. "동정호 있단 말 옛날에 들었건만, 오늘에야 악양루에 오르네. 오나라와 초나라는 동남으로 갈라졌고, 하늘과 땅은 밤낮으로 떠 있네."

두보는 시에서 온 세상을 담을 듯 광활한 호수의 풍광을 표현했어요. 이 구절은 중국인들 사이에서 아주 유명해서, 지금도 중국인들은 이곳 웨양루를 방문하면 두보가 그랬던 것처럼 시를 읊조린다고 해요.

둥팅호의 다리

웨양루

who? 역사 뛰어넘기   후난루오즈

후난성의 지게꾼

태평천국군의 공격에 후베이성의 우창, 장쑤성의 난징은 모두 무너졌지만 후난성의 창사는 꿋꿋이 버텨 냈습니다. 증국번은 후난성의 남자들을 모아 상군을 조직하여 무능한 청나라 관군 대신 태평천국의 난을 진압했어요. 상군을 구성한 후난성 남자들은 용맹하고 끈기가 있어서 '고집 센 노새 같은 후난성 남자'라는 뜻의 '후난루오즈(湖南騾子)'라고 불렸어요. 강인한 정신력과 불굴의 투지로 고향을 지켜 낸 후난성 남자들은 큰 자부심을 가지고 있습니다.

양무운동의 핵심, 중체서용

청나라는 두 번의 아편 전쟁에서 서양 열강에게 연이어
패배했어요. 내부적으로는 태평천국의 난으로 큰 혼란을 겪어야

했지요. 이때 증국번과 이홍장 등 한족 관료들이
민란을 수습하며 조정의 중요한 자리를 차지하게
되었습니다.

이들은 전쟁과 민란으로 황폐해진 산업과 사회
질서를 회복하고, 나아가서 서양의 문물과
제도를 받아들여서 나라를 부강하게 하고자
노력했어요. 洋(서양 양), 務(힘쓸 무) 자를 써서 이를
'양무운동'이라 합니다.

푸저우의 군수 공장

양무운동의 핵심 정신은 '중체서용(中體西用)'입니다.
中(가운데 중), 體(근본 체), 西(서양 서), 用(쓸 용) 자를 써서, 서양의
우수한 기술은 습득하더라도 중국 고유의 체제는 유지한다는
뜻이에요.

중체서용의 근간에는 서양에도 배울 점이 있음을
인정하면서도 중국의 체제와 문화는 바꿀 수
없다는 뿌리 깊은 중화사상이 자리 잡고 있어요.
이 정신은 서구 문명이 준 충격을 극복하고자 하는
의지와 자국 문화에 대한 중국인들의 자부심의
표현이기도 했습니다.

이렇듯 봉건적인 제도를 개혁하려는 노력은 하지
않고 청나라의 낡은 통치 체제를 계속 유지하려고
했기 때문에 양문운동에는 근본적인 한계가 있을
수밖에 없었어요.

군수 공장에서 무기를 옮기는 군인들

상군, 회군이라는 단어의 '상'이나 '회'는 무엇을 말하는 거죠?

상군(湘軍)은 후난성의 민병을 모아 창설한 군대입니다. '상(湘)'은
후난성의 강 이름에서 따왔어요. 회군(淮軍)은 이홍장이 안후이성에서
모집한 민병대의 이름입니다. '회(淮)'는 안후이성의 강 이름이지요.

아! 상(湘)이나 회(淮)는 지역을 대표하는 한자군요.

맞아요. 중국은 각 지역마다 성 이름, 옛 지역 이름, 강 이름 등에서
따온 지역을 대표하는 한자가 있어요. 중국의 자동차 번호판을 보면
그 지역을 대표하는 한자가 무엇인지 쉽게 알 수 있어요. 예를 들어,
베이징은 京(수도 경), 산둥은 魯(나라 이름 노), 상하이는 沪(물 이름 호)가
지역을 대표하는 한자랍니다.

'川(내 천)'
자가 있네.

'천(川)'은
쓰촨(四川) 지역을
말하는 거야.

쓰촨성의 자동차
번호판을 살펴볼까?

3 청나라의 마지막 등불

1855년, 태평천국군이 베이징을 향해 진군한다는 소식에 놀란 청나라 조정은 베이징으로 모든 병력을 이동시켰습니다. 이 틈을 타서 태평천국의 장수 석달개가 이끄는 군대가 우창을 다시 공격해 왔습니다.

태평천국군이 강에서 공격해 온다!

당장 수군을 출병시켜라!

큰일 났습니다! 적들이 몰래 침입해 우리 배에 불을 질렀습니다!

뭣이!

배를 버리고
육지에서 싸워라!
적이 상륙하지
못하게 막아라!

전투에서 크게 패하고 장시성 난창으로 쫓겨 간 상군은 태평천국군에게
포위당해 독 안에 든 쥐 신세가 되었습니다.

내가 지휘관으로서
자질이 모자라 군사들을
위험에 빠뜨렸구나.

그런 말씀 마십시오.
싸움이란 이길 때도 있고,
질 때도 있는 법입니다.

맞습니다. 언젠가
오늘의 패배를
갚아 줄 날이
올 것입니다.

때마침 베이징으로 향한 태평천국군이 전투에서 고전하자, 장수 석달개에게 베이징으로 합류하라는 명령이 떨어졌습니다. 이로써 고립되었던 증국번과 상군은 구사일생으로 살아나게 되었습니다.

적이 포위를 풀고 이동하고 있습니다!

후유, 하늘이 도왔구나.

증국번은 난창에서 1년간 상군을 재건하는 일에 매달렸습니다.

발사!

반란군을 확실히 토벌하려면 상군을 최신 서양 무기로 무장하고 훈련시켜 더 강한 군대로 만들어야 한다.

1856년, 광저우 항구에서 영국 배인 애로호를 검문하던 청나라 관군들이
선원들을 해적 혐의로 체포하고 영국 국기를 내리는 사건이 발생했습니다.

시끄럽다!

국기를 훼손하는 것은 대영 제국을 모독하는 것이오!

영국은 제1차 아편 전쟁에서 승리하여 난징 조약을 맺었음에도 불구하고 청나라와의 무역에서 계속 적자를 보는
상황이었습니다. 그러자 애로호 사건을 핑계로 또다시 전쟁을 선포했습니다. 제2차 아편 전쟁이 벌어진 것입니다.

전쟁은 영국과 프랑스 연합군의 승리로 끝났고,
청나라는 열강에 각종 이권을 내주는
베이징 조약을 맺게 되었습니다.

태평천국을 진압하기도 벅찬데 서양과의 전쟁에서마저 패하다니……

하루빨리 서양의 무기와 기술을 도입하지 않으면 우리 땅을 지킬 수 없을 것이다.

청나라의 마지막 등불   **59**

한편 전열을 가다듬은 상군은 태평천국군을 상대로 많은 지역에서 승리를 거두며 위용을 떨쳤습니다.

와아

상군 병사들이여, 공격하라!

후퇴하라!

상군의 전투력이 예상을 뛰어넘는구나.

다다다

* **양강 총독** 청나라 때 장쑤성, 안후이성, 장시성을 관할한 지방 장관

양강 총독에 임명된 증국번의 위상은 몇 년 전 상군을 창건했을 때와는 완전히 달라졌습니다.

병사들 훈련장에 나가 볼 시간이오.

아유, 그깟 훈련이야 매일 하는 것인데 하루쯤 빠지면 어떻습니까?

지휘관으로서 매일 훈련장을 둘러보며 군사들의 사기를 높이는 것이야말로 가장 중요한 일이니 하루라도 거를 수 없소.

증국번은 스스로에게 엄격했으며, 매일 일기 쓰는 습관을 통해 자신을 돌아보고 나태함을 경계했습니다.

게으름은 사람을 천하게 만들고,
교만은 사람을 망친다.
스스로에게 엄격하면 사람이 따르고,
대범하면 사람을 얻고,
부지런하면 사람을 거느릴 수 있다.

1861년, 함풍제가 병으로 세상을 떠나고 여섯 살의 동치제가 즉위했습니다.
그러자 동치제의 생모인 서 태후가 함풍제의 이복동생인 공친왕과 손을 잡고 조정을 장악했습니다.
서 태후 세력은 혼란한 정국을 수습하기 위해 가장 먼저 태평천국의 난을 진압해야 했습니다.

증국번은 자신의 제자이자 조정의 관리인 이홍장을 불렀습니다.

이홍장, 자네 고향인 안후이성으로 가서 민병을 모집해 지휘하는 건 어떻겠나?

제가 말입니까?

상군을 지원할 병력이 필요하네. 자네는 지휘관으로서 남다른 재능이 있으니 분명 뛰어난 군대를 만들 수 있을 걸세.

알겠습니다. 스승님!

이홍장은 안후이성에서 민병을 모집해 회군을 창건했습니다. 회군은 서양에서 도입한 무기로 무장하고 신식 군사 훈련을 받았으며 조직력이 뛰어났습니다. 회군과 상군은 각기 태평천국군을 몰아붙이며 난징으로 향했습니다.

태평천국의 근거지인 난징이 코앞이다!

척척

이것이 서양인들에게 제조 기술을 배워 만든 개화포입니다.

난징을 공격하는 전투가 시작되기 전, 증국번은 지휘관들 앞에서 새로 만든 무기를 선보였습니다.

대학사 나리, 우리 대청 제국이 굳이 오랑캐의 기술을 배워야 하는 것입니까?

적의 것이라도 좋은 것은 배워서 우리에게 유리하게 사용해야 할 것이오.

심지에 불을 붙여라!

끼익

예!

펑펑

이 먼 거리에서 명중을 하다니!

엄청난 파괴력이야!

휘이이

개화포는 이전의 포보다 화력이 열 배는 뛰어나오.

제가 어리석었습니다. 적의 것이라도 좋은 것은 배워야 한다는 말씀이 옳습니다.

대학사 나리의 통찰력에 감복했습니다.

고맙소, 여러분!

1864년 6월, 증국번의 상군과 이홍장의 회군은 태평천국이 수도로 삼고 있던 난징을 함락했습니다. 이로써 14년간 이어진 태평천국의 난이 끝났습니다.

증국번은 태평천국의 난을 진압한 일등 공신으로 태자태보라는 벼슬을 받아 한족 출신 관리로서는 가장 높은 지위에 올랐습니다. 그러나 황실 실세인 서 태후는 증국번의 공적을 치하하면서도 한편으로는 증국번의 명성이 커지는 것을 경계했습니다.

증국번에게 태자태보의 벼슬을 내리겠소.

황은이 망극하옵니다!

청나라 제10대 황제 동치제

서 태후가 사람을 붙여
나리를 감시하고 있다는
소문 들으셨습니까?

목숨을 걸고 반란군과
싸워 이겼는데 조정에서는
형님을 의심하다니요!

이런데도 우리가
만주족 황실에
충성해야 합니까?

황실의 의심을 사느니
상군을 해산하겠다.

형님!

나는 한족이지만
청나라의 신하이기도 하다.

서 태후와 공친왕은 서양의 신문물을 받아들여 나라를 부강하게 해야 한다는 생각을 바탕으로 증국번, 이홍장, 좌종당 등과 함께 *양무운동을 추진했습니다. 이들을 양무파라 부릅니다.

서양과의 전쟁을 겪으면서 우리 청나라가 얼마나 무력한지 깨달았소.

동감입니다. 그들의 앞선 기술을 배워야 청나라가 발전할 수 있습니다.

* **양무운동** 洋(서양 양), 務(힘쓸 무) 자를 쓰며, 서양의 기술을 받아들여 군사, 산업 등에서 개혁을 꾀한 근대화 운동을 말함

서양의 기술을 배우려면 먼저 서양 문자를 가르치는 학당을 세워야 합니다.

우수한 인재들을 뽑아 서양으로 유학을 보내는 일도 필요합니다.

옳은 말씀이오. 태후마마께서도 허락하셨으니 추진해 보시오.

양무파는 중국의 전통을 지키면서 서양의 앞선 기술을 도입하자는 *중체서용을 주장하며 근대적인 군수 공장을 세워 서양식 무기와 군수품을 만들기 시작했습니다.

* **중체서용** 中(가운데 중), 體(근본 체), 西(서양 서), 用(쓸 용) 자를 쓰며, 중국의 유교 문화를 중심으로 하되, 서양의 기술을 도입하여 나라를 강하게 하자는 주장을 말함

1869년, 증국번은 지방관 중 최고 직책에 해당하는 직예 총독이 되었습니다.

총독님, 이번에 미국 유학단에 선발된 아이들입니다.

말씀하신 대로 가문이나 배경이 아닌, 재능과 가능성을 보고 발탁했습니다.

초롱초롱

앞으로 이 나라를 짊어질 인재들이란 말이지?

가서 열심히 배우고 오너라. 훗날 너희들이 이 나라를 누구도 넘보지 못할 부강한 나라로 만들어야 한다.

네!

1870년, 텐진에서 크리스트교의 포교 활동에 반감을 가지고 있던 청나라 사람들이 서양 교회와 영사관을 불태우고 폭동을 일으키는 사건이 발생했습니다. 이 사건을 텐진 교안이라고 합니다.

서양 오랑캐는 물러가라!

프랑스가 청나라에 강력히 항의하자, 청나라 조정은 증국번을 파견해 사건을 해결하도록 했습니다.

아편 전쟁과 태평천국의 난으로 백성들이 오랫동안 고통받았는데 또다시 서양과 전쟁을 할 수는 없어.

청나라와 프랑스의 회담장

이번 폭동을 주도한 인물들을 벌하고, 은 40만 냥을 프랑스에 배상금으로 지불하겠소.

그 정도면 우리도 더 이상 문제 삼지 않겠습니다.

쳇, 서양 오랑캐가 뭐가 그리 무서워서!

증국번도 별수 없구먼.

마음 아프지만 백성들의 비난도 감수할 수밖에……

사건 관련자들을 처벌하고 프랑스에 배상금을 주기로 한 결정은 백성들의 큰 반발을 샀습니다. 이 일로 증국번의 명성은 크게 떨어지고 말았습니다.

어머니께서는 어떤 위기가 닥쳐도 정신을 똑바로 차리면 살아날 방도가 있다고 하셨지. 하지만 이 나라는 지금 바람 앞의 등불 같구나.

직예 총독 자리를 이홍장에게 위임한 증국번은 양강 총독으로 돌아간 뒤 1872년 3월, 지병이 악화되어 62세의 나이로 세상을 떠났습니다.

증국번은 서양 열강의 침략과 태평천국의 난으로 위태로웠던 나라를 지키기 위해 끝까지 최선을 다한
청나라의 충신입니다. 부단한 노력과 끈기로 한 계단씩 밟아 높은 자리에 올랐으며,
매일 일기를 쓰고 전장에서도 책을 놓지 않는 등 자기 수양에 힘쓴 모범적인 관리로 평가받고 있습니다.
양무운동의 창시자이자, 청렴과 충신의 본보기였던 증국번은 오늘날 많은 중국인들에게 존경을 받고 있습니다.

중국 화폐의 변천

사람들이 화폐를 쓰게 된 이유는 무엇일까요? 처음에는 필요한 물건을 서로 바꾸는 물물 교환을 했지만, 물건마다 가치가 달라 이를 대신할 방법이 필요했습니다. 그래서 가치의 기준이 되는 화폐를 만들어 낸 것이지요. 중국은 새로운 왕조가 들어설 때 화폐를 새로 발행한 경우가 많았습니다. 중국의 역대 화폐는 재질이나 모양 등 왕조마다 각기 다른 특징이 있답니다.

고대에 화폐로 사용한 조개껍데기

상나라에서 한나라까지

기원전에 존재했던 고대 왕조인 상나라는 단단하고 부서질 염려가 적은 조개껍데기를 화폐로 사용했습니다. 이를 '조개 패(貝)'자를 써서 '패폐'라고 합니다. 상나라 후기에 들어서는 청동으로 '동폐'를 만들었습니다.

춘추 전국 시대에는 여러 제후국들의 각축전이 벌어지면서, 각 나라마다 사용하는 화폐도 가지각색이었습니다. 중부의 농경을 주로 하는 나라에서는 농기구의 형태를 본떠 만든 '포전'을, 제나라와 연나라에서는 칼의 모양을 본떠 만든 '명도전'을, 진나라에서는 방직 기구의 추를 본떠 만든 '원전'을 사용했어요.

칼 모양을 닮은 명도전

진시황이 중국을 통일하면서 다양한 화폐들을 전부 동그란 형태의 '반량전'으로 통일했습니다. 이후 반량전은 동전의 기본 형태가 되었지요. 진나라가 멸망하고 그 뒤를 이은 한나라는 중앙 정부만이 화폐를 발행할 수 있도록 하여 물가를 통제했습니다. 한나라 때 발행한 화폐 '오수전'은 중국 역사상 가장 오랜 기간 사용된 화폐랍니다.

수나라에서 청나라까지

수나라는 기존에 사용한 오수전에 황제의 연호를 새겨
넣었어요. 수 양제 시기에는 나라 재정이 좋지 않아서
오수전에 들어가는 동의 비율이 낮았어요. 그래서
동전이 흰색을 띠는 바람에 '오수백전'이라 불렸지요.
당나라 때는 오수전을 폐지하고 동전의 표준 규격을
정했어요. 대표적인 화폐가 '개원통보'입니다.
송나라 때에는 중국 역사상 최초의 지폐인 '교자'가
등장했습니다. 중국의 지폐 사용은 유럽보다 700년이나

청나라 때 은 동전

앞선 것이었지요. 원나라에서는 '지정통보'라는 동전과 함께
'중통원보교초'라는 지폐를 사용했습니다. 또한 명나라 때는 개국
황제인 주원장의 연호를 붙인 동전 '홍무통보'와 지폐 '대명보초'를
사용했습니다. 중국의 마지막 왕조인 청나라 때는 서양의
주조법(녹인 쇠붙이를 거푸집에 부어 물건을 만드는 방법)을 도입하여
'은원'을 발행했습니다.

금속 화폐 모양의 변천

고대의 화폐들은 모서리가 있어 몸에 상처를 내기도 했고,
무거워서 휴대하기도 불편했습니다. 그래서 점차 가운데에
네모난 구멍이 있는 둥근 형태의 동전이 등장하게 되었지요.
이후 오랜 기간 동안 화폐의 가장 보편적인 형태로
사용되었어요.
그러다가 다시 구멍이 없는 원전이 등장하면서 금속 화폐의
최종적인 형태를 유지하게 되었으며, 오늘날까지 이어지고
있습니다.

송나라의 지폐, 교자

중국인들이 좋아하는 숫자 8

중국인들은 숫자 8을 좋아합니다. 숫자 8(八)의 중국어 발음 '빠'가 '돈을 벌다'라는 '파차이(發財 필 발, 재물 재)'의 '파'와 비슷하기 때문입니다. 그래서 8은 돈 버는 숫자로 통한답니다.

중국인들이 숫자 8을 좋아하는 예는 흔하게 찾아볼 수 있습니다.

2008년 북경 올림픽은 2008년 8월 8일 8시 8분 8초에 개막했어요. 상품 가격을 8.8원으로 매기는 경우가 흔하고, 중국 큰 회사의 전화번호에는 8이 들어가 있어요. 자동차 번호판 역시 8자로 이루어진 번호를 선호하는 사람이 많아서, 경매로 비싸게 팔리기도 한답니다. 심지어 호텔 객실 번호 앞에 층에 상관없이 8을 붙이기도 해요.

중국인들은 새해 인사로 "꽁시파차이(恭喜發財)."라는 말을 즐겨 사용해요. "돈 많이 버세요."라는 뜻이지요. 사회주의 국가지만 시장 경제 체제를 받아들인 지 오래된 중국에서 사람들의 재산 증식에 대한 소망을 엿볼 수 있는 말입니다.

숫자 8을 형상화한 마카오의 빌딩

who? 역사 뛰어넘기 　구멍 난 엽전에 담긴 뜻

상평통보

엽전은 둥근 모양에 가운데 사각형의 구멍을 가진 근대 이전의 주화를 가리킵니다. 진시황이 '천원지방(天圓地方, 하늘은 둥글고 땅은 모남)'의 우주관을 담아 주화의 모양을 정립했다는 기록이 있어요. 고려 숙종 때 승려 의천은 엽전의 모양을 두고 '겉의 둥근 하늘이 만물을 덮고 네모난 땅이 떠받치는 이치'라고 설명했어요. 조선 시대 대표적 엽전인 상평통보는 '떳떳이 공평하게 널리 통용되는 보배'라는 뜻입니다.

장사를 직업으로 하는 사람을 '상인'이라고 하잖아요.
상인이란 말은 어디서 유래한 건가요?

'상인'의 어원은 중국 고대 상나라에서 유래했어요. 무왕이 상나라를
멸망시키고 주나라를 세우자, 피지배층이 된 상나라 사람들은 생계를
위해 장사를 시작했지요. 여기서 상인이라는 말이 생겨났어요.
상나라와 상인은 같은 '商(장사 상)' 자를 씁니다.

중국을 '상인의 나라'라고도 하죠?

맞아요. 상인은 중국 역사에 깊은 뿌리를 내리고 있지요. 농업 중심의
유교적 질서가 지배하던 시절부터 상인들의 활동은 계속 이어져
왔습니다. 세계적으로 사업 수완이 좋기로 유명한 민족이라면,
유태인 다음으로 손꼽는 것이 중국 상인인 '화상(華商)'일 거예요.

4 전장의 견습 사환

1823년, 안후이성 지시현의 가난한 농가에서 태어난 호설암은 열두 살 때 아버지가 세상을 떠나자 항저우로 이사했습니다.

약값이 부족해서 그러니 제발 조금이라도 빌려주십시오.

예전에 빌려 간 돈도 아직 갚지 못했는데 내가 뭘 믿고 당신에게 또 돈을 빌려준단 말이오?

신화 전장 주인 장조화

신용이 없는 사람에겐 단 한 푼도 빌려줄 수 없으니 돌아가시오.

여긴 어린애들에게 돈 빌려주는 곳이 아니다.

그게 아니라, 사환을 뽑는다고 해서 왔습니다.

사환을 하겠다고? 아직 어려 보이는데 몇 살이냐?

열두 살입니다.

이 동네 사람이니?

안후이성 사람입니다.

글을 읽고 쓸 줄은 아니?

집안 형편이 어려워서 서당에 다니지는 못했지만 돌아가신 아버지께 조금 배웠습니다. 셈도 할 줄 압니다.

안후이성이라면 예로부터 상인들이 많이 배출되는 지역이지. 일단 일을 시켜 볼까?

내일부터 일하도록 해라. 일단 견습 사환이고 일을 잘하면 정식으로 채용하마.

기회를 주셔서 정말 감사합니다!

이름이 무엇이냐?

호설암입니다!

당시 개인이 운영하는 사설 은행을 전장이라고 합니다.
호설암은 열두 살에 항저우의 '신화 전장'에서 견습 사환 생활을 시작했습니다.

슥슥

어르신, 안녕히 주무셨습니까!

그래, 일찍 나왔구나.

설암아, 손님께 드릴 차를 내오너라.

네, 어르신!

담보를 더 거신다면 이자를 싸게 해 드릴 수 있지요.

풍긋

설암아, 가서 화장실을 깨끗하게 청소해라.

네!

담보는 빚을 갚지 못할 경우를 대비해 맡아 두는 물건이고, 이자는 돈을 빌린 대가로 치르는 돈이라고 했지.

호웁

호설암은 매일 남보다 일찍 나와서 온갖 허드렛일부터 잔심부름까지 불평 한마디 없이 꿋꿋하게 해냈습니다.

전장 일이 어떻게 돌아가는지 빨리 배워서 꼭 정식 사환이 되어야지.

어서 오십시오! 신화 전장입니다.

성실하고 눈치도 빠른 데다가 고객의 기분을 맞출 줄도 알고 제법이야.

척

어느덧 세월이 흘러 호설암은 씩씩한 열다섯 살 소년이 되었습니다.

어르신, 부르셨습니까?

그동안 열심히 일했으니 정식 사환으로 승진시켜 주마.

와, 감사합니다!

정식 사환이 된 호설암은 본격적으로 돈을 다루는 일을 시작했습니다.

손님께 50냥까지
빌려 드릴 수 있습니다.
그 이상은 곤란합니다.

깐깐하게 굴지 말고
조금만 더 빌려주게.

돈을 더 빌리고 싶으시면
담보가 있어야 합니다.

할 수 없지.
오십 냥이라도 주게.

기한 안에 꼭
갚으셔야 합니다.
여기 장표에 이름을
써 주십시오.

안녕히 가십시오.

이 정도면 좀 더
큰일을 맡겨도 되겠어.

설암아,
강 건너 마을에 가서
수금을 좀 해 오너라.

알겠습니다.

돈주머니가 없어졌어!

뭐? 돈이 없다고?

아차! 소매치기에게 당했구나!

제가 소매치기한테 돈주머니를 도둑맞았어요. 건너편에 도착하면 수금을 해서 뱃삯을 드리겠습니다.

그 말을 어떻게 믿어? 뱃삯 대신 입고 있는 옷이라도 벗든가 아니면 배에서 내리든가.

이 젊은 친구의 뱃삯은 내가 대신 내겠소.

깜짝

저 손님 때문에 산 줄 알아.

정말 감사합니다. 도착하는 대로 바로 돈을 갚겠습니다.

곤경에 처한 사람을 돕는 건 당연한 일이지.

처음 본 나를 믿고 뱃삯을 내 주다니 정말 고마운 분이다. 나도 어려움에 처한 사람을 그냥 지나치지 말아야지.

나중에 큰돈을 벌게 된다면 배를 사서 누구나 공짜로 강을 건널 수 있게 하겠어.

건너편에 도착한 호설암은 수금을 해서 뱃삯을 갚았습니다.

나리 덕분에 위기를 모면했습니다. 정말 감사드립니다.

허허, 뭘 그런 걸 가지고……. 그럼 잘 가게.

호설암은 열아홉 살에 전장의 모든 돈을 관리하는 책임자가 되었습니다.

장부를 보니 오래전에 돈을 빌려주고 받지 못한 경우가 많구나.

이 돈을 모두 수금한다면 조그만 전장 하나쯤은 차릴 수 있겠어.

십 년 전에 빌려 드린 돈을 수금하러 왔습니다.

세월이 흘러 까맣게 잊고 있었는데 정말 지독하군.

돈을 받을 때까지 십 년이든 이십 년이든 매일 찾아올 겁니다.

내가 졌네. 여기 있으니 다시는 찾아오지 말게!

3년 후

3년 사이에 500냥이나 수금했어. 주인어른께 이 돈을 드리면 내게 전장을 차리라고 선뜻 빌려주실지도 몰라.

어, 왕유령 형님이 여기 무슨 일이지?

왕유령은 호설암이 자주 가던 찻집에서 알게 되어 서로 친하게 지내던 사이였습니다.

저쪽에 무슨 일인가?

몰락한 가문의 왕유령이란 서생인데 관직을 사기 위해 돈을 빌리러 왔대. 하지만 주인어른이 뭘 믿고 가난한 서생에게 큰돈을 빌려주겠어.

당시 청나라에서는 기부금을 내면 관원이 될 수 있었습니다.
청나라 말기에는 돈으로 관직을 사는 일이 흔해서 관료의 수가 증가하기도 했습니다.

왕 형!

호설암! 혹시 여기가 자네가 일하는 전장인가?

네, 맞습니다.

부끄럽네. 이제 내 사정을 다 알겠군.

자리를 옮겨 이야기 좀 나누시지요.

관직을 사기 위해
마련한 돈을 구휼소에
기부하고 말았네.

몽땅 말입니까?

서양 오랑캐들과의 전쟁 후
길거리에는 굶어 죽는 사람들이
넘쳐나잖나. 차마 그냥 지나칠 수
없어서 가진 돈을 모두 기부했지.
관직을 살 돈을 전장에서 빌려 보려
했지만 보다시피 거절당했네.

스윽

3년간 제가 주인어른
모르게 수금한 500냥입니다.
이 돈을 가지고 가서
관직을 얻으십시오.

담보도 없이 나에게 이렇게
큰돈을 빌려준다고?

가난한 백성들을 위하는 왕 형의 인품이라면 언젠가 훌륭한 관리가 되셔서

제 돈을 갚으실 거라는 확신이 듭니다.

정말 고맙네. 이 은혜는 절대 잊지 않겠네!

왕유령과 호설암은 그 자리에서 의형제를 맺었습니다.

회수가 불가능했던 돈을 수금해 빌려준 것이니 오늘 일은 주인어른께서도 이해해 주실 거야.

하지만 현실은 예상과 달랐습니다.

그 돈은 엄연히 신화 전장의 돈이야! 담보도 없이 거금 500냥을 아무한테나 빌려주다니!

한번 신용을 잃은 사람에게 기회란 없네. 당장 나가게!

제가 잘못했습니다. 한 번만 기회를 주십시오.

호설암은 한순간에 믿을 수 없는 사람으로 낙인찍힌 채 신화 전장에서 쫓겨나고 말았습니다.

하루아침에 내 신용과 일자리 모두를 잃다니…….

호설암은 생계를 위해 닥치는 대로 일했습니다. 돈이 없어 끼니를 거르는 일도 허다했지만 왕유령에게 돈을 빌려준 일을 후회하지는 않았습니다.

내가 절대로 사람을 잘못 볼 리가 없어. 왕 형은 반드시 돈을 갚을 거야.

홍정 상인 호설암

'홍정 상인'이란 청나라 황제로부터 높은 관직을 받은 상인 호설암을 가리키는 말입니다. 그가 활동한 19세기의 청나라는 혼돈의 시대였어요. 먹고살기 힘들어진 백성들이 곳곳에서 반란을 일으켰으며, 군사력과 자본을 앞세운 서양 열강들이 물밀듯 몰려왔지요. 청나라는 서양에 뒤질세라 근대화 운동인 양무운동을 추진 중이었어요.

이런 시대의 흐름 속에서 호설암은 맨주먹으로 시작해 청나라 최고의 부자가 되었고, 어려운 백성들을 구휼하는 일에도 힘을 쏟았습니다. 하지만 인생 말년에는 허망하게도 재물과 명예를 모두 잃는 불운을 겪었습니다.

관복을 입은 호설암

왕유령과의 만남

호설암은 1823년 안후이성의 가난한 집안에서 태어났습니다.

호설암의 저택

그는 12세에 저장성 항저우의 전장에서 견습 사환으로 일하기 시작했어요. 전장은 개인이 운영하는 금융 기관이에요. 온갖 허드렛일을 하며 신임을 얻은 호설암은 19세에 전장의 모든 돈을 관리하는 책임자가 되었지요.

호설암은 왕유령이라는 서생과 친분을 쌓게 되는데, 왕유령이 관직을 살 수 있도록 선뜻 돈을 빌려줍니다. 후에 높은 관리가 되어 돌아온 왕유령의 도움으로 호설암은 자신의 전장을 열었습니다. 호설암은 뛰어난 사업 수완과 끈질긴 노력으로 최고의 재력가로 성장하게 됩니다.

좌종당과의 만남

태평천국군이 저장성을 공격해 왔을 때 호설암은 외지에서
무기와 군량미를 운반해 와서 청나라 관군을 도왔고,
어려움을 겪는 백성들을 위해 쌀과 약을 무료로 나누어
주었습니다.

당시 저장성 순무였던 좌종당은 호설암을 눈여겨보고,
호설암에게 관아에 물품을 독점으로 공급할 권한을
주었어요. 좌종당은 정치 활동을 하면서 호설암으로부터
경제적 후원을 받고, 호설암은 사업을 하면서 좌종당이라는
권력자의 보호를 받을 수 있게 된 것입니다. 호설암과
좌종당의 후원 관계는 그 후 20년 가까이 이어졌습니다.
호설암은 조선소를 설립해 선박을 운행하여 외국과의 국제
무역을 통해 사업을 더욱 확장했습니다. 서양의 기계와 신무기를
들여오고 외국 기술자를 초빙하여 양무운동을 추진하는 데도
큰 역할을 했습니다.

좌종당

호설암의 죽음

1882년 이후, 호설암의 사업은 급속히 내리막길을 걷습니다.
막대한 재산을 투자해 비단의 원료인 생사를 사 모았는데
생사 값이 폭락한 것이 결정적인 원인이었어요. 그가 세운
각지의 부강 전장은 속속 문을 닫게 되었습니다. 조정에서는
호설암이 공금으로 사적 이익을 취한 죄까지 추궁했어요.
좌종당이 사망한 후 호설암은 기댈 데가 없어졌고, 조정은
호설암의 재산을 몰수했습니다. 1885년, 호설암은 끝내 재기하지
못하고 파란만장한 삶을 마감했습니다.

색유리로 장식된 호설암 저택의 창문

호설암의 경영 철학

첫째, 인재 중심 경영입니다. 호설암은 상인이 갖춰야 할 가장 중요한 능력은 사람을 제대로 쓸 줄 아는 것이며, 돈보다 사람을 먼저 얻어야 한다고 했어요.

둘째, 날카로운 안목과 넓은 시야를 강조했어요. 상인이란 남이 보지 못한 것을 보고, 남이 살피지 못한 것을 살피며, 높이 서서 멀리 행동할 줄 알아야 한다고 했지요.

셋째, 관계를 중요하게 생각했습니다. 호설암은 세력 있는 관리들을 지속적으로 지원하고 그들의 조언과 도움을 얻었어요. 사업은 인간관계와 상호 신뢰를 잘 활용해야 함을 알았던 것이지요.

넷째, 이익을 얻기 위해서는 모험을 감내하며 시장을 키워야 한다고 강조했습니다. 좁은 시장에서 사업은 번창할 수 없으며, 고객의 수요와 만족을 위해 끊임없이 노력해야 한다고 했어요.

다섯째, 상인은 명성을 알려야 한다고 했습니다. 오늘날로 말하면 고객에게 신뢰를 줄 수 있는 좋은 이름과 독특한 브랜드를 창조해야 하고, 긍정적인 이미지를 꾸준히 알리는 마케팅을 해야 한다는 의미입니다.

중국 최초의 근대적 은행, 일승창

who? 역사 뛰어넘기 　항저우의 약방, 호경여당

호경여당의 내부

호설암은 돌아가신 아버지를 기리기 위해 '호경여당(胡慶餘堂)'이라는 약방을 세웠어요. 품질 좋은 약재로 만든 호경여당의 약은 효과가 좋아서 금세 명성이 높아졌어요. 또한 빈민에게는 무료로 약을 나누어 주었어요. 처음에는 '경여당'이라는 명칭을 사용하다가 항저우 사람들이 호설암을 기념하며 '호경여당'으로 부르게 되었습니다. 호경여당은 지금도 영업을 하고 있어서 이곳을 방문하면 진료와 처방을 받을 수 있답니다.

생사가 무엇인가요?

누에나방의 애벌레에게 뽕나무 잎을 먹여 기르면 애벌레가 여러 번 탈피를 하면서 실을 뽑아 고치를 만들어요. 이 고치 상태를 생사라고 해요. 누에고치를 끓는 물에 삶아 실을 풀어낸 것이 명주실이지요.

아, 생사를 삶아야 명주실이 되는군요.

맞아요. 그리고 명주실로 짠 광택이 나는 천을 비단이라고 하지요. 오래전부터 중국의 비단은 해외에서 인기가 많았어요. 가볍고 부드러우며 광택이 좋은 고급 원단이었거든요. 19세기에 와서는 비단보다 생사를 많이 팔았어요. 유럽의 방직 기술이 발달해서 생사를 수입해 비단을 짰기 때문이에요.

비단이 영어로 실크(silk)야.

그럼 실크 로드는 뭐지?

중국의 비단이 해외로 팔려 나간 고대의 무역로가 실크 로드야.

5 장사의 원칙을 세우다

호설암은 잘 지내고 있을까?

호설암에게 빌린 돈으로 관직을 얻은 왕유령은 1848년, 저장성 *해운국의 책임자가 되어 항저우로 내려왔습니다.

3년 만에 항저우로 온 왕유령은 호설암을 수소문했으나 찾을 수가 없었습니다.

호설암이 신화 전장에서 쫓겨난 뒤로 행방을 알 수 없다니…….
모든 게 내 탓이야.

* **해운국** 뱃길로 사람과 물품의 운송을 담당하는 관청

국수 한 그릇 주시오.

네, 알겠습니다.

손님, 국수 나왔습니다.

탁

이보게, 호설암!

왕 형 아니십니까!

깜짝

나 때문에 아우가 이렇게 고생을 하다니 미안하네.

아닙니다. 출세한 형님을 보니 정말 기쁩니다. 역시 제 생각이 틀리지 않았습니다.

이제 내가 아우를 도울 차례군. 앞으로 무엇을 하고 싶나?

우선 장사를 해 보고 싶습니다. 그리고 언젠가는 제 이름을 건 전장을 여는 것이 꿈입니다.

내가 도와줄 테니 열심히 해 보게.

고맙습니다, 형님.

호설암은 왕유령의 도움을 받아 해운국에서 돈을 빌려 장사를 시작했습니다. 상하이에서 쌀을 싼값에 사서 해운국에서 운용하는 배를 이용해 먼 지방에 팔아 큰 이익을 남겼습니다.

1850년, 호설암은 스물여덟의 나이에 전장을 열었습니다.

드디어 아우의 소원대로 전장을 갖게 됐군. 부강 전장이라!

부강은 '세상이 태평하고 도리로써 다스리며, 백성의 생활은 풍요롭고 산물은 풍부하다'는 뜻을 담고 있지요.

전장을 열겠다는 내 꿈이 이루어졌다! 하지만 여기서 멈추지는 않을 것이다!

호설암은 부강 전장을 열었지만 돈을 맡기는 사람이 적어 자금난에 허덕이게 되었습니다.

이대로 가다가는 전장을 닫아야 할 지경이야. 무슨 방법이 없을까?

드르륵

어서 오십시오!

젊은 시절 도박에 빠져 유산을 다 날리고, 장인에게 빌린 1,000냥까지 도박으로 탕진했습니다.

그제야 번뜩 정신이 들어서 *녹영군에 들어가 500냥을 모았습니다.

* 녹영군 한족으로 구성된 청나라 군대

그런데 전쟁터에서 언제 죽을지 모르니 그 돈을 가지고 다닐 수도 없고 해서 찾아왔습니다. 하지만 전장에 돈을 맡겨도 내가 죽으면 못 찾게 될 테니 고민이 되는군요.

제게 좋은 생각이 있습니다.

좋은 생각이요?

4년 후에 돈을 찾으러 오시면 원금과 이자를 합쳐 1,000냥을 돌려 드리겠습니다.

500냥의 두 배나요? 만약 제가 돌아오지 못하면요?

혹여 그런 일이 생긴다면 제가 손님의 장인께 1,000냥을 대신 갚아 드리기로 약속하겠습니다.

그게 정말입니까?

부강 전장의 이름을 걸고 약속은 반드시 지키겠습니다.

젊은 녹영군 병사는 군영으로 돌아가 다른 병사들에게 부강 전장에서의 일을 자세히 말했습니다. 그러자 수많은 병사들이 돈을 맡기러 부강 전장으로 몰려왔습니다.

여기가 부강 전장이죠?

북적 북적

제 돈도 맡아 주세요!

어느 날, 호설암은 신화 전장 주인 장조화를 찾아갔습니다.

이보게, 호설암 아닌가!

그동안 잘 지내셨습니까?

전에 빚진 500냥입니다.

빚이랄 것까지야……. 내가 자네를 내보내고 나서 얼마나 후회했는지 모르네.

아무튼 이렇게 다시 만나게 되니 정말 반갑네.

척

그런데 말이야, 자네가 해운국의 왕 대인과 친분이 있다고 하던데 사실인가?

네, 저와 의형제를 맺은 분입니다. 사실 제가 오늘 찾아온 이유도 왕 대인과 관련된 일 때문입니다.

해운국이 70만 냥의 은자를 보관하고 있는데 왕 대인께서 제게 그 은자를 맡길 만한 전장을 알아봐 달라고 부탁하셨습니다.

70만 냥씩이나?

왕 대인께 신화 전장을 추천할까 합니다.

자네의 부강 전장이 아니라?

부강 전장은 아직 그런 큰돈을 관리할 정도는 못 됩니다.

우리에게 그 돈을 맡겨만 준다면 이자는 두둑하게 쳐 준다고 하게.

그런데 왕 대인께서 조건을 붙이셨습니다.

무슨 조건인가?

이자는 낮아도 상관없지만 언제든 해운국에서 자금이 필요하면 바로 내주어야 한다는 겁니다.

그건 문제없으니 걱정 말게.

흐흐, 이게 웬 떡이냐. 그러잖아도 자금이 없어서 전장 문을 닫아야 할지 모르는 마당에 큰돈이 들어오다니.

해운국이 신화 전장에 큰돈을 맡기자 장조화는 그 돈을 더 크게 불리기 위해 고객들에게
마구잡이로 대출을 해 주었습니다. 그러자 곧 보유 자금은 10만 냥밖에 남지 않게 되었습니다.

100냥이오? 금방
내드리겠습니다.

웅성 웅성 웅성

신용도 확인하지 않고
무리한 대출을
해 주다니……

몇 달 뒤

해운국이 맡긴 돈에서
30만 냥을 찾아야겠소.

예? 지금 말입니까?

조정에서 급하게
군량미를 지원해 달라고 하여
당장 30만 냥이
필요하니 내주시오.

저, 그게……
지금 저희가 드릴 수 있는
돈은 10만 냥뿐입니다.

분명 언제든
자금이 필요하면
바로 내주어야 한다는
조건을 달았을 텐데,
어찌 말이 다르오?

왕 대인, 며칠만
시간을 주십시오.

* 유용 남의 것이나 어떤 곳에 쓰기로 되어 있는 돈을 다른 데로 돌려씀

신화 전장이 해운국의 자금을 갚지 못해 곤경에 처했다는 소문이 퍼지자, 사람들은 예금한 돈을 찾기 위해 신화 전장으로 몰려들었습니다.

호설암은 돈 한 푼 안 들이고 장조화로부터 신화 전장의 소유권을 넘겨받게 되었습니다.

신용과 원칙을 무시하면 지금까지 쌓아 온 부를 하루아침에 잃을 수 있다.

화전장

호설암은 토지, 식량, 비단, 전당포 등 폭넓게 사업을 확장해 나갔고, 왕유령은 관리로 승승장구하며 저장성 순무로 승진했습니다.

형님, 승진을 축하드립니다!

이게 다 아우 덕분이네. 하하하!

참, 이번 기회에 아우에게 관직을 주선할까 하는데 자네 생각은 어떤가?

저는 나랏일은 모릅니다. 관직에 얽매이지 않고 상인의 길을 가고 싶습니다.

부를 가지면 명예를 욕심내는 법인데, 자네는 역시 다르군. 내가 이래서 자네를 좋아하지. 허허!

뱃삯을 또 올리면 어떡해요?

못마땅하면 헤엄쳐 강을 건너시든가요.

어린 시절, 나중에 배를 사서 누구나 공짜로 강을 건너게 해 주겠다고 다짐했었지. 그 다짐을 까맣게 잊고 있었구나.

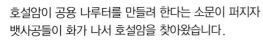

호설암이 공용 나루터를 만들려 한다는 소문이 퍼지자 뱃사공들이 화가 나서 호설암을 찾아왔습니다.

공짜로 배를 태워 주면 우리는 뭘 먹고삽니까?

그렇게 뱃삯을 올려 받았는데 먹고살 게 없습니까?

뱃삯으로 얼마를 받든 우리 마음이고, 돈이 없으면 배를 안 타면 되지.

지금처럼 어려운 시기엔 뱃삯을 낼 돈도 없는 사람들이 많습니다. 공용 나루터는 그런 사람들을 위한 것입니다.

끄응

여기 공용 나루터에서 오고 가는 배는 뱃삯을 받지 않으니 마음 놓고 타셔도 됩니다!

뱃삯이 공짜라고?

이 공용 나루터를 만든 게 호설암이지? 돈만 밝히는 장사꾼인 줄 알았는데, 베풀 줄도 아는 사람이구면.

가난한 견습 사환으로 시작해서 부자가 되었대. 그래서 우리 같은 사람 마음도 아는 것 같아.

흐뭇

중국 상업의 역사

유가는 기본적으로 의리를 중시해서 이익을 따지는 것을 천박한 행동으로 여겼습니다. 하지만 모든 사람들이 그렇게 생각한 것은 아니었어요. 전한 시대의 역사가 사마천은 상공업으로 재산을 모은 사람들의 이야기를 담은 《사기》의 〈화식열전〉에서 "연못이 깊어야 물고기가 살고, 산이 깊어야 짐승들이 노닐 듯, 사람은 넉넉해야 비로소 인의를 행한다."라고 했습니다. 물질을 도덕이 생겨나게 하는 기초라고 본 것이지요.

재화를 중요하게 생각한 중국 상업의 역사를 살펴볼까요?

19세기 중국 상인의 초상화

상업과 관련된 역사 인물들

강태공은 무왕을 도와 상나라를 무너뜨리고 주나라를 세운 일등 공신입니다. 그 후 제나라 땅을 하사받아 제나라 초대 제후가 되었어요. 강태공은 제나라의 상공업을 일으켰습니다. 소금을 제조해 팔고, 길쌈을 장려해서 방직업을 발전시켰어요.

'관포지교(관중과 포숙의 우정)'로 유명한 제나라의 명재상 관중과 그의 친구 포숙도 젊은 시절에 함께 장사를 한 적이 있습니다. 세월이 흐른 뒤 높은 관직에 오른 두 사람은 장사를 했던 경험을 바탕으로 제나라의 상업을 발전시켜 나라를 부강하게 만들었지요.

1860년대 상하이 무역항

공자의 제자 가운데 하나인 자공은 뛰어난 사업가이기도 했어요. 그는 공자가 14년 동안 세상을 떠돌 때 모든 경제적 뒷받침을 했습니다. 자공은 상업 활동을 한 덕분에 국제 감각과 언어 능력이 뛰어나서 훗날 위나라의 재상이 되었답니다.

명청 시대 상업을 이끈 진상과 휘상

'진상'은 산시성을 본거지로 한 상인을 말해요.
산시성은 유목 민족과의 잦은 전쟁과 추운 날씨로
농사짓기에는 부적절한 곳이었어요. 하지만 서역을
연결하는 무역로였기 때문에 지리적 악조건에도
불구하고 상업이 발달했지요.

산시성 핑야오현의 상점들

진상은 산시성의 풍부한 소금, 철, 보리, 면, 목재,
담배 등의 특산물로 장거리 무역을 했습니다.
또한 강남의 비단, 차, 쌀을 몽골, 러시아 등에 가져다 팔았어요.
진상은 명나라 중엽부터 유통업을 장악했고 세계 최초로
은행업을 시작한 것으로도 유명합니다.
'휘상'은 안후이성을 본거지로 한 상인을 말해요. 안후이성은
황산 기슭이라 기본적으로 농사를 지을 땅이 부족했어요.
척박한 자연환경을 극복하고자 일찍이 상업이 발달했지요.
휘상들은 소금과 차를 운반하는 무역 노선을 개척했고, 중국
전역을 다니며 활발한 상업 활동을 했습니다.
휘상의 꿈은 젊었을 때 고생하더라도 객지에서
돈을 많이 번 뒤 고향으로 돌아와 집과 사당을
거창하게 짓는 것이었어요. 그리고 그 후에는
학문을 닦아 관직에 나가는 것을 영예롭게
여겼지요. 자신이 관직을 얻지 못하면 자식을
관리로 만들고자 애썼어요.

안후이성 후이저우의 상점 거리

청나라 건륭제에서 가경제에 이르는 70여 년간
300명 가까운 휘상이 과거 시험을 통해 관직에
진출했어요. 그래서 휘상을 유상(儒 선비 유, 商 장사 상)이라고
부르기도 합니다.

호설암에 대한 평가

호설암은 최고의 부와 권력을 누리며 '장사의 신'으로 불렸어요.
그가 성공할 수 있었던 이유 중 하나는 왕유령, 좌종당 같은
고위 관리들과 서로 도움을 주고받았기 때문이에요. 호설암의
성공은 정치 관료와 상인이 결탁하여 부를 축적한
것으로서, 오늘날 기업 윤리로 보면 비난받을 만해요.
그럼에도 불구하고 현재 중국인들이 가장 존경하는
상인이자, 기업가들이 가장 닮고 싶어 하는 경영자로
호설암을 꼽는 데는 호설암에게 배워야 할 긍정적인 부분이
있음을 의미합니다.

그는 시대를 읽는 안목을 지녔고, 위기를 기회로 만드는
지혜로운 인물이었습니다. 또한 신용과 신의를 지키는 경영을
누구보다 강조한 상인이었지요. 좋은 인재를 발탁하여 알맞게
활용하고, 대중을 상대로 홍보를 해서 사업을 번창시키는 전략은
지금 시대에도 통용되는 사업의 원칙입니다.

호설암은 직원에게 후한 임금을 주어 이익을 배분했으며, 병들고
굶주린 백성들에게 약과 식량을 무상으로 나눠 주는 빈민 구제
사업을 벌여 존경을 받았습니다. 이런 모습은 적어도 그가
경제적 이익만을 중시하는 장사꾼이 아니었음을 보여 주지요.

상하이의 화려한 상점 거리

who? 역사 뛰어넘기　　〈화식열전〉, 돈의 본질을 꿰뚫다

《사기》의 일부

〈화식열전〉은 역사가 사마천이 쓴 역사서 《사기》의 일부입니다. 경제와 정치의 관계, 돈과
세태의 연관성 등을 깊이 통찰하고 있어요. 화식열전의 화(貨)는 '재화', 식(殖)은 '불어남'
즉 재산 증식을 뜻합니다. 이 글에서는 중국 춘추 시대 말기부터 한나라 초기를 통틀어 재물을
모아 부자가 된 사람들의 이야기를 적고 있어요. 또한 각 지방의 풍속, 물산, 교통, 상업 따위의
상태도 자세하게 서술하고 있지요.

역사 바로보기 5

청나라와 조선은 어떻게 무역을 했나요?

청나라는 조선과 국경 지역에서 정기적인 무역을 했어요. 유명한
시장이 의주의 중강(압록강의 난자도)에서 열린 '중강 개시'였지요.
매년 2월과 8월, 청나라와 조선 관원의 관리하에 무역이 이루어졌습니다.

주로 어떤 물건들을 거래했나요?

처음에는 청나라의 쌀과 조선의 은, 동, 무쇠 등을 거래했는데,
시간이 흐르면서 점차 농기구, 종이, 면포, 소금, 사기그릇 등 교역
물품의 종류가 늘어났어요. 관청의 통제도 점점 느슨해져서 사실상
자유 무역이 성행했답니다.

6 전설이 된 장사의 신

1851년, 태평천국의 난이 일어나자 호설암은 군량미와 무기 같은 전쟁 물자를 팔아 큰 이익을 얻게 되었습니다.

> 약속 날짜 안에 도착해야 하니 다들 서두르시오!

그 무렵, 호설암은 서양 상인들이 장악하고 있던 *생사 사업에도 발을 디뎠습니다.

> 호 대인께서는 오래전부터 생사 사업을 해 오던 분 같습니다. 하나를 말씀드리면 열을 파악하시는군요.

> 과찬이시오.

* **생사** 누에가 실을 뽑아 만든 고치 상태를 생사라 하며, 이것을 끓는 물에 넣어 풀어낸 명주실로 비단을 짬

호 대인께서는 전쟁 물자도 거래하신다던데, 그런 일은 위험이 따르지 않습니까?

상인은 이익을 도모하는 사람입니다. 위험을 감수해야 돈을 벌 수 있지요.

돈이 되면 뭐든 하실 수 있다는 말씀입니까?

제게도 장사의 원칙은 있습니다.

거래는 정직하게 해야 하고, 남에게 해를 끼치거나 속이면서 돈을 벌지는 않습니다. 또한 나라가 있어야 장사도 할 수 있으니 어려운 시국에는 나라를 도와야 하지요.

호설암의 사업이 승승장구하던 1861년, 증국번에게 패한 태평천국군이 후퇴하며 항저우를 포위했습니다.

태평천국군이 몰려온다!

성문을 닫아라!

우르르

한 달이 지나자, 성안에는 먹을 것이 바닥나고 말았습니다.

성안에 굶주려 죽는 백성들이 늘어나고 있네. 더 이상 버티는 것은 무리일세.

이대로 태평천국군에 항복한다면 항저우는 쑥대밭이 되고 말 겁니다. 무슨 방법이 없겠습니까?

공금 2만 냥을 줄 테니 자네가 성 밖으로 나가서 군량미를 가져올 수 있겠나?

항저우의 운명이 자네에게 달렸네.

백성의 목숨이 달린 일인데 어찌 마다할 수 있겠습니다. 반드시 해내겠습니다.

제가 돌아올 때까지 조금만 더 버텨 주십시오.

호설암은 왕유령이 준 공금으로 군량미를 구입하여 항저우로 향했습니다.

하지만 호설암이 도착했을 때, 성은 이미 태평천국군에게 점령당하고 왕유령은 스스로 목숨을 끊은 뒤였습니다.

제가 조금만 더 빨리 도착했다면 형님께서 살아 계셨을 텐데……. 으흐흑.

호설암이 왕 대인이 군량미를 구입해 달라고 맡긴 공금을 *횡령해 도망쳤다던데?

그게 정말이야? 천하에 몹쓸 인간이군.

사람들은 내가 왕 대인을 배신했다고 오해하고 있구나.

* **횡령** 공금이나 남의 재물을 불법으로 차지함

왕유령을 대신해 저장성 순무로 임명받은 좌종당이 태평천국의 난을 진압하기 위해 항저우로 내려왔습니다.
호설암은 고민 끝에 좌종당을 찾아갔습니다.

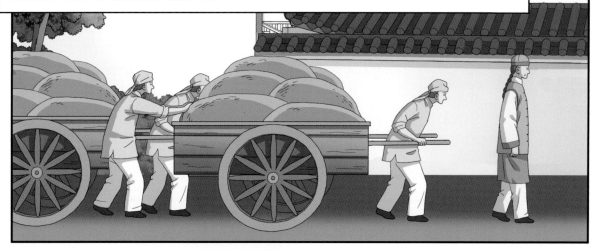

새로 부임한 순무님은 어떤 분일까? 소문으로는 성격이 불같다던데 과연 내 말을 믿어 줄까?

무슨 일이오?

새로 오신 저장성 순무 좌 대인을 뵈러 왔습니다.

함락된 성을 되찾으려면 막대한 군자금이 필요한데, 마련할 방법이 없을까?

호설암이라는 상인이 순무님을 뵙기를 청합니다.

호설암? 공금을 횡령하고 사라진 자가 제 발로 날 찾아왔단 말이지?

자네가 호설암이군.
반란군에게 성이 점령되기 전에
자네가 공금을 횡령하고 사라졌다는
소문이 있던데 사실인가?

대인, 오해입니다!

자초지종을
말씀드리면…….

자네 말이
모두 사실인가?

믿어 주십시오.
밖에 군량미를
가져왔습니다.

또한 이것은 군량미를
사고 남은 돈입니다.
왕 대인께 받은 돈은 한 푼도
손대지 않았습니다.

스윽

내가 헛된 소문을 듣고 자네를 오해하고 있었군. 자네 덕분에 군량미와 군자금 문제가 동시에 해결됐어! 껄껄껄!

성격이 거칠고 의심도 많지만 이런 사람의 신임을 얻을 수 있다면 앞으로 나에게 엄청난 힘이 되어 줄 것이다.

호설암은 좌종당이 태평천국군과 싸우는 동안 군량미와 무기를 아낌없이 지원했습니다. 그리하여 마침내 좌종당은 항저우를 되찾았습니다.

와아

와아아! 우리가 승리했다!

항저우를 되찾은 데는 자네 공이 크네.

그렇게 말씀해 주시니 감사할 따름입니다. 앞으로 제가 도울 일이 있으면 기꺼이 돕겠습니다.

고맙네. 자네가 있어 든든하군.

호설암은 그 뒤로도 좌종당의 정치 자금을 후원했고, 좌종당은 호설암이 사업을 운영하는 데 많은 도움을 주었습니다.

당시 청나라는 어린 황제 동치제를 대신하여서 태후가 섭정을 하고 있었습니다.

황공하옵니다, 마마. 상인 호설암의 공이 컸사옵니다.

항저우를 되찾느라 수고했소.

그대가 그렇게 칭찬하는 걸 보니, 호설암이란 상인이 대단한 인물인가 보오. 황제께 큰 상을 내리시라 건의하겠소.

호설암은 좌종당의 추천으로 황제로부터 정이품의 벼슬과 함께 *홍정과 *황색 마고자를 하사받았습니다.

* 홍정 고위 관료만 쓸 수 있는 붉은 산호가 박힌 모자
* 황색 마고자 황제를 상징하는 황색 비단으로 만든 윗옷

이때부터 사람들은 호설암을 '홍정 상인'이라 불렀고 그의 명성과 지위는 당대 상인들 중에서도 으뜸이었습니다.

호설암은 좌종당이 이끄는 군대가 최신 서양식 무기로 무장할 수 있도록 군비를 지원했습니다.

1864년 태평천국의 난이 진압되자 공친왕, 증국번, 이홍장, 좌종당 등이 중심이 되어 양무운동을 추진했습니다.

공장을 지으려면 막대한 자금이 필요한데 청나라 조정에는 그만한 돈이 없네.

서양식 총포, 탄약, 선박을 제조하는 공장을 먼저 지어야 합니다.

대상인들이 자금을 지원한다면 불가능한 일도 아니지요.

호설암의 저택

서양식 무기와 선박을 제조할 공장을 세워야 하는데 자금이 턱없이 부족하네.

나라를 위한 일인데 기꺼이 도와야지요.

역시 자네라면 그렇게 말할 줄 알았네!

전설이 된 장사의 신 **121**

1867년, 푸저우에 중국 최초의 군함 제작 기지인 푸저우 선정국이 들어섰습니다.
또한 학당을 건립해 해군 양성을 위한 교육도 실시되었습니다.

봉쥬르~

호설암이라 하오.

호설암은 푸저우 선정국 건설의 실질적인 업무를 맡으며
서양 상인들과 친분을 쌓았고, 국제 무역에도 관여하기 시작했습니다.

우리는 청나라의
비단과 차를
아주 좋아해요.

가격만 제대로
흥정되면 거래는
언제든 환영이지요.

한편, 민란이 끝난 후 폐허가 된 마을 곳곳에는 전염병으로 죽어 가는 사람들이 가득했습니다.

가는 곳마다
아픈 사람들이 이렇게나
많구나.

오래전
네 아버지도 병에 걸렸는데
약 살 돈이 없어
세상을 떠나고 말았지.

어렸을 때지만
지금도 그때 일을 똑똑히
기억하고 있어요.

그동안 재산도
많이 모았으니
병들고 가난한 사람들에게
도움을 주면 어떻겠니?

어머니,
제가 왜 그 생각을
못 했을까요?

호설암은 항저우에 호경여당이라는 약방을 열었습니다.

약은 생명과 관련된 것이니
절대로 속이면 안 됩니다.
또한 진심과 성의로 약을 제조하여
신용을 지켜야 합니다.

명심하겠습니다!

제가 과거를 보러 가는데, 이 약이면 무사히 시험을 치를 수 있을까요?

과거 시험을 치르는 서생들의 고충이 크구나.

호경여당의 약은 좋은 약재로만 만들기 때문에 약효가 확실합니다.

당시 과거장은 허리를 펴고 서지도 못할 정도로 좁은 칸에 한 사람씩 들어가 오랜 시간 동안 시험을 치렀기 때문에 체력이 약한 사람은 견디기 힘들었습니다. 그래서 시험 도중에 탈진하거나 배앓이를 하는 서생들이 많았습니다.

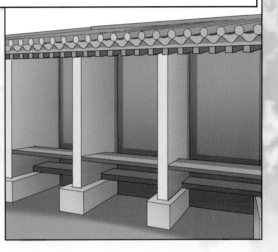

과거를 치를 서생들에게 공짜로 약을 나눠 줄 생각이니 준비해 주게.

공짜로요? 그러면 손해가 클 텐데요?

우리가 만든 약이 좋다는 것을 사람들에게 알릴 수 있다면, 손해가 아니라 이익이 될 걸세.

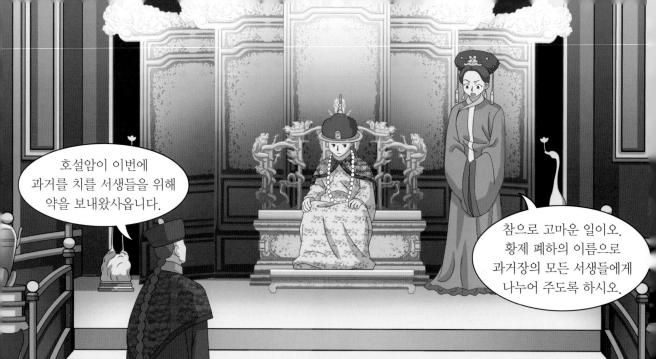

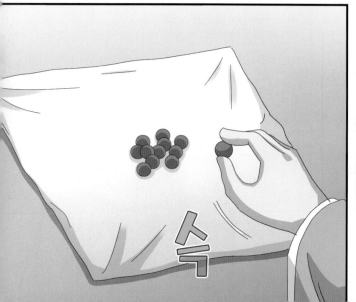

호경여당은 전국에서 모인 서생들의 입소문을 타고 온 나라에 유명해지기 시작했습니다.

호경여당은 항상 구급약을 상비해 두어 다른 약방이 문을 닫은 한밤중에 찾아오는 사람,
가난한 사람, 걸인들에게 무료로 나누어 주었습니다. 또한 전염병이 발생한 지역에
무료로 약재를 공급하고, 군대에 필요한 약은 원가만 받고 파는 등 구휼에도 힘쓴 덕분에
최고의 약방으로 자리 잡으며 사람들에게 칭송을 받았습니다.

어느 해, 호설암은 누에를 치는 양잠 농가를 찾았습니다.

이보게, 올해
생사 가격은 좀 어떤가?

생사가 대풍년이라
물량이 많아서 서양 상인들이
터무니없이 싸게 사겠다고
배짱입니다.

농민들이 큰 손해를
보게 될 텐데
큰일이군.

저장성의 생사 도매상들에게
모두 모이라 전하게.

알겠습니다.

호설암은 저장성 일대의 생사 도매상들로부터 높은 가격에 생사를 사들였습니다.

서양인들이 생사 거래를 독점하도록 내버려 둔다면 앞으로 우리 양잠 농민들과 상인들은 제대로 된 가격을 받기 힘들어질 것이오.

지금 값이 많이 떨어진 생사를 이렇게 높은 가격에 사 주시다니 괜찮습니까?

헬로! 생사를 사러 왔습니다.

호설암에게 모두 팔아서 물건이 없습니다.

왓?

호설암이 우리랑 한번 해 보겠다 이거지.

호설암은 막대한 자금을 쏟아부으며 생사를 모두 사들였습니다.

어르신, 나중에 서양 상인들이 생사를 안 사겠다고 하면 어쩌시려고 무리를 하십니까?

조금만 더 버티면 서양 상인들이 백기를 들고 내가 부르는 가격에 살 수밖에 없을 걸세.

호설암이 생사를 사들여 물량이 부족해지자 생사 가격이 올라가기 시작했습니다.
다급해진 서양 상인들은 호설암을 찾아와 애걸복걸했습니다.

생사 가격이 폭등했으니 전보다 더 비싼 값을 내야 합니다.

지금 공장에 생사가 부족해 비단을 만들 수가 없습니다.

제발 생사를 파십시오. 예전 가격으로 쳐 드리겠습니다.

우리가 제시한 가격으로도 큰 이익을 얻을 텐데 어찌 고집을 피우는 겁니까?

내 이익은 중요치 않소. 양잠 농가들이 다시는 피해 보는 일이 없도록 하려는 것이오.

그런데 이듬해 이탈리아에서 생사 농사가 풍년이 들어 생사가 대량으로 쏟아져 나왔습니다.
서양 상인들은 값비싼 청나라 생사 대신 이탈리아에서 생사를 싸게 구매할 수 있게 된 것입니다.

살았다,
살았어!

고지를 눈앞에 두고
하필이면 이런 일이
생기다니!

어르신, 창고 안에 가득
쌓아 둔 생사가 썩기 시작해서
오래 두진 못할 것 같습니다.

낭패로군.

창고 안에 가득 쌓인 생사를 헐값에 판 호설암은
엄청난 손해를 보았습니다.

생사 거래로 이미
큰 손해를 보셨는데 전장에서
또다시 돈을 빼 쓴다면
자금이 부족합니다.

외국 은행과의 신용을
잃으면 다시는 돈을 빌려주지
않을 테니 일단 급한 불부터
끄고 생각해 보세.

호설암은 좌종당의 군비 조달을 위해 외국 은행으로부터
대출받은 자금을 갚는 날짜가 다가오자 또다시 어려움에 처했습니다.

한편 호설암의 든든한 후원자였던 좌종당이 1885년 베트남에 대한
*종주권을 둘러싸고 청나라와 프랑스가 벌인 청프 전쟁에서
패배한 후에 지병이 악화되어 자리에 누웠습니다.
좌종당이 권력에서 밀려난 것은 호설암에게도 큰 타격을 주었습니다.

좌종당 대인이 나의 마지막
희망이었는데 지병으로
꼼짝도 할 수 없으니 누구와
상의를 한단 말인가.

* **종주권** 한 나라가 다른 나라의 내정이나 외교를 지배하는 권력

자금난이 지속되자 호설암이 세운 각지의 부강 전장이 잇달아 파산하고 말았습니다.

그러게. 사람의 앞일은
아무도 모르는 거지.

항저우에서
제일 잘나가던
부강 전장이 망하다니.

만일을 위해 남은
재산을 숨겨 두는 게
좋지 않겠느냐?

길바닥으로
쫓겨날지 모르는
가족들도 생각해야지.

신용과 정직으로 살아온
제가 남을 속인다면 제 자식들은
두고두고 손가락질을
받게 될 것입니다.

망한다고 해도
재산을 몰래 빼돌리는
일은 하지 않을 겁니다.

여기저기서
빚 독촉을 하는구나.

나는 빈손으로 시작했으니
크게 잃은 것이 없다.
나는 다시 일어설 것이다!

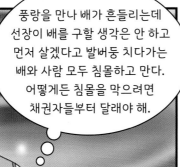

풍랑을 만나 배가 흔들리는데
선장이 배를 구할 생각은 안 하고
먼저 살겠다고 발버둥 치다가는
배와 사람 모두 침몰하고 만다.
어떻게든 침몰을 막으려면
채권자들부터 달래야 해.

호설암은 재산을 몰래 빼돌리거나 감추지 않고 최선을 다해 뒷수습을 했습니다.

얼마 안 되지만
먼저 받으십시오.
어떻게든 재기를 해서
나머지 돈도
갚겠습니다.

호 대인을 믿고
기다리겠습니다.

스윽

하지만 이미 내리막을 달리던 호설암의 사업은 절망적이었습니다.

이번 한 번만 자금을 대출해 주십시오.

사정은 딱하지만 도와줄 수가 없습니다.

돈과 권력이 사라지니 다들 나를 모르는 척하는구나.

터덜 터덜

호설암에게 남은 것은 저택과 호경여당뿐이었습니다.

호경여당

다른 것은 모두 잃더라도 이 호경여당만큼은 반드시 지켜 내야 한다.

호설암의 저택

뭐 하는 거요?
남의 집에 함부로 들어와
무슨 행패란 말이오?

호설암의
관직을 삭탈하고 재산을
몰수하라는 황명이오!

쿵

뭐요?

상인으로서
내 자부심이 담긴
호경여당마저
잃고야 말았구나.

재산을 모두 빼앗기고 근근이 살아가던 호설암은 그로부터 1년 뒤인
1885년 12월, 63세의 나이로 쓸쓸히 세상을 떠났습니다.

전장의 견습 사환으로 시작해 청나라 최고의 부를 거머쥐었던 호설암. 그는 '장사의 신'으로 불릴 만큼
상인으로서 뛰어난 자질을 가졌고, 신용과 신의를 중시하며 평생 상인의 길을 걸었습니다.
성실과 배움, 신용 중시, 인맥 관리 등 호설암이 세운 장사의 원칙은 오늘날에도 사업의 기본으로 통용됩니다.
특히 부를 사회에 환원한다는 개념이 없었던 시절, 호설암은 가난과 질병으로 고생하는 백성들을 구제하는 데
재물을 아끼지 않았습니다. 호설암이 세운 약방인 호경여당은 현재까지도 운영되며 그의 업적을 기리고 있습니다.

장사는 신용과
명예로 하는 것이다.
다듬고 더하는 것을 비록 보는
사람은 없으나, 그 마음을
하늘이 안다.

who?와 함께라면 중국이 보인다

인물 중국사 탐구

증국번 · 호설암

증국번과 호설암의 이야기를 재미있게 읽었나요?
증국번은 태평천국의 난을 진압하는 한편, 서구의 기술을
받아들여 청나라의 근대화를 이루려고 했어요. 호설암은
시대의 흐름을 읽어 내는 눈과 뚝심으로 청나라 최고의
거상이 된 인물이지요.

이제 두 인물이 걸어간 길을 떠올리며 마무리 활동을 해
볼까요? 인물에 관한 퀴즈도 풀고, 박물관 여행도 함께
떠나요. 고사성어를 익히고, 책 내용을 깊이 있게 이해하는
찬반 토론에도 참여해 보세요. 그럼 시작해 볼까요?

자, 중국사
탐험 시작!

• **중국사 퀴즈** '증국번 · 호설암' 나도 전문가!

• **중국 견문록** 후난성 박물관

• **고전 한마디** 우공이산 愚公移山

• **역지사지 토론방** 호설암이 생사를 매점매석한 행위는 정당하다
            vs 정당하지 않다

• **인물 연표** | 중국사 · 한국사 연표

'증국번·호설암' 나도 전문가!

1 증국번(曾國藩)의 이름에 담긴 뜻은?

① 나라의 일꾼

② 나라의 보배

③ 나라의 영웅

④ 나라의 울타리

2 증국번에 대한 설명으로 옳지 <u>않은</u> 것은?

① 과거에 합격하여 한림원에서 일했어요.

② 태평천국군과 싸워 번번이 패했어요.

③ 이홍장, 좌종당 등과 함께 양무운동을 이끌었어요.

④ 매일 일기를 쓰며 자신을 돌아보았어요.

3 호설암이 설립한 호경여당은 어떤 곳인가요?

① 학교

② 약방

③ 무기 공장

④ 은행

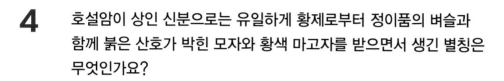

4 호설암이 상인 신분으로는 유일하게 황제로부터 정이품의 벼슬과
함께 붉은 산호가 박힌 모자와 황색 마고자를 받으면서 생긴 별칭은
무엇인가요?

① 개성 상인

② 북경 상인

③ 홍정 상인

④ 의주 상인

5 호설암이 서양 상인의 가격 담합에 맞서기 위해 막대한 재산을
들여 사들인 것은 무엇인가요?

① 인삼

② 쌀

③ 면화

④ 생사

후난성 박물관

마왕퇴 한묘 유적

후난성 박물관은 후난성의 성도인 창샤에 위치한 국립 박물관입니다. 총면적이 9만 1,000제곱미터에 이르며, 상나라와 주나라의 청동기, 전한 시대의 장례 유물, 역대 도자기, 그림, 근대의 문화재까지 약 18만 점의 유물을 소장하고 있습니다. 1950년대에 지은 옛 전시관과 2010년대에 새로 지은 전시관에 지역의 문화가 잘 표현되어 있어서, 역사 도시 창샤의 대표적인 건축물로도 유명하답니다.

후난성 박물관 최고의 볼거리로 '마왕퇴 한묘'의 출토품을 꼽을 수 있어요. 마왕퇴 한묘는 1972년 창샤의 변두리에서 발굴된 고대 무덤으로, 전한 시대 장사국의 재상이었던 이창 일가의 무덤으로 밝혀졌습니다. 특히 무덤에서 발견된 이창의 부인 시신은 거의 부패되지 않은 상태로 보존되어 있어 사람들을 놀라게 했습니다. 2,000년이나 된 미라의 보존 상태가 좋았던 이유는, 마와 비단으로 시신을 감싸고 숯과 점토로 관을 밀봉하여 산소를 차단했기 때문이라고 해요. 50세가량으로 추정되는 여인의 미라는 피부를 손가락으로 누르면 잠시 움푹해졌다가 회복할 정도로 근육에 탄력성이 있었고, 관절도 움직이는 상태였다고 합니다.

미라가 보존되어 있던 목관

이 관 속에서 많은 부장품이 함께 발견되었는데, 가장 시선을 끄는 것은 관을 덮고 있는 '백화'입니다. 백화란 비단 위에 그린 그림을 말해요. 천연 물감을 이용해 그린 백화는 당시 사람들이 사후 세계에 대한 믿음을 가지고 있었으며, 미적 수준 또한 매우 높았음을 보여 주고 있지요.

그밖에도 대나무 바구니 안에 곡물과 식품 등이 거의 온전한 상태로 보존되어 있었고, 다양한 칠기, 목기, 도기 등도 발굴되었어요.

마왕퇴 한묘의 각종 부장품들은 전국 시대 말기의 매장 풍습과 한나라 초기의 문화 연구에 귀중한 자료가 되고 있습니다.

목관을 덮고 있던 백화

who? 더 알아보기+ 호경여당

호경여당은 호설암이 1874년, 저장성 항저우에 문을 연 약방입니다. '북쪽에는 동인당, 남쪽에는 호경여당'이라는 말이 있을 만큼 호경여당은 중국의 대표적인 약방입니다. 동인당은 1669년 베이징에서 설립된 전통 있는 약방이에요. 호경여당은 지금까지도 영업을 하고 있고, 1991년에는 박물관도 개관했어요. 박물관 전시물 중에 유명한 것은 급성 열병의 특효약을 제조했던 '금산은과'라는 제약 기구입니다. 그 외 오랜 역사를 지닌 절구, 막자사발, 저울 등 다양한 제약 도구를 전시하고 있어요.

호경여당 내부

우공이산

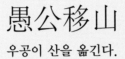

愚公移山

우공이 산을 옮긴다.

愚	公	移	山
어리석을 우	공 공	옮길 이	뫼 산

愚	公	移	山
어리석을 우	공 공	옮길 이	뫼 산

'우공이산(愚公移山)'은 '불가능한 것처럼 보이지만 어떤 일이든 끊임없이 노력하면 반드시 이루어진다'는 뜻의 고사성어입니다. 이 성어는 《열자》라는 책에서 유래했어요.

옛날, 우공이라는 노인과 그 가족이 태행산과 왕옥산 사이에 살고 있었습니다. 두 산은 무척 크고 높은 산으로, 우공의 가족은 어디를 가야 할 때마다 산을 빙 둘러 가야 했지요. 어느 날, 우공은 가족을 모아 놓고 말했어요. "저 험한 산을 평평하게 깎아 남쪽까지 곧장 길을 내자." 다음 날부터 우공은 아들들, 손자들과 함께 산을 깎기 시작했어요. 사람들이 무모한 짓이라고 비웃자, 우공은 "내가 죽더라도 자자손손 계속 하다 보면 언젠가는 두 산을 다 옮길 수 있을 것이오."라고 대답했어요. 그러자 하늘의 옥황상제는 우공의 우직함에 감동하여 두

산을 다른 곳으로 옮겨 우공의 뜻이 이루어지게 하였답니다.
뜻을 이루기 위해서는 꾸준히 한 걸음씩 내딛는 노력이 필요합니다.
호설암이 전장의 견습 사환에서 시작해 청나라 최고의 사업가가 될 수
있었던 것도 우공이산의 노력이 있었기에 가능했습니다.

* 여러분은 꾸준히 노력해서 어떤 일을 해낸 경험이 있나요? 아니면 앞으로
그렇게 노력해서 이루고 싶은 일이 있나요? 구체적으로 써 보세요.

호설암이 생사를 매점매석한 행위는 정당하다

1 호설암이 생사를 매점매석한 행위는 정당하다.

당시 서양에서 비단이 인기가
많았기 때문에 서양 상인들은
비단을 짜는 재료인 생사를
대량으로 사들이고, 청나라의
생사 사업을 장악했어요.
서양 상인들이 생사 가격을
좌지우지하는 바람에
농민들의 피해가 컸지요. 이에
호설암은 청나라의 경제가
외세에 좌우되는 것을 막으려
나섰습니다. 생사를 한꺼번에
사들여 쌓아 두고 가격을
흥정하는 매점매석을 시도한 것입니다.

* 여러분의 생각은 어떤가요? 호설암이 생사를 매점매석한
  행위가 정당하다고 생각한다면 그 이유를 적어 보세요.

> 예) 호설암은 외국 상인들 때문에 청나라 농민이 피해를 보지 않게 하려고 생사를 전부 사들인
> 것입니다. 단순히 돈을 벌기 위해서였다면 다른 안전한 사업을 했겠지요. 자국의 경제를
> 보호하기 위한 의도였기 때문에 호설암의 행위는 정당하다고 생각해요.

vs 정당하지 않다

2 어떠한 경우에도 매점매석은 정당하지 않다.

매점매석은 물건을 한꺼번에 사서 쌓아 두고 가격이 오르면 되파는 것입니다. 호설암은 양잠 농민들에게 생사를 전부 사들여 창고에 쌓아 두고 서양 상인들이 생사를 구할 수 없게 했어요. 호설암의 의도대로 서양 상인들은 생사를 사기 위해 호설암을 찾아와 높은 가격을 제시했지요. 하지만 호설암이 시간을 끄는 사이, 이탈리아에서 생사가 공급되면서 호설암의 전략은 실패하고 말았습니다.

* 여러분의 생각은 어떤가요? 어떠한 경우에도 매점매석이 정당화될 수 없다고 생각한다면 그 이유를 적어 보세요.

예) 호설암이 아무리 좋은 동기가 있었다 하더라도 매점매석은 명백하게 경제 윤리에 어긋난 불법 행위입니다. 목적이 수단을 정당화한다면 누구나 호설암처럼 상품을 매점매석하려고 할 것입니다. 양잠 농민을 돕고 싶다면 다른 방법을 찾는 것이 바람직해요.

증국번·호설암이 살았던 시대는?

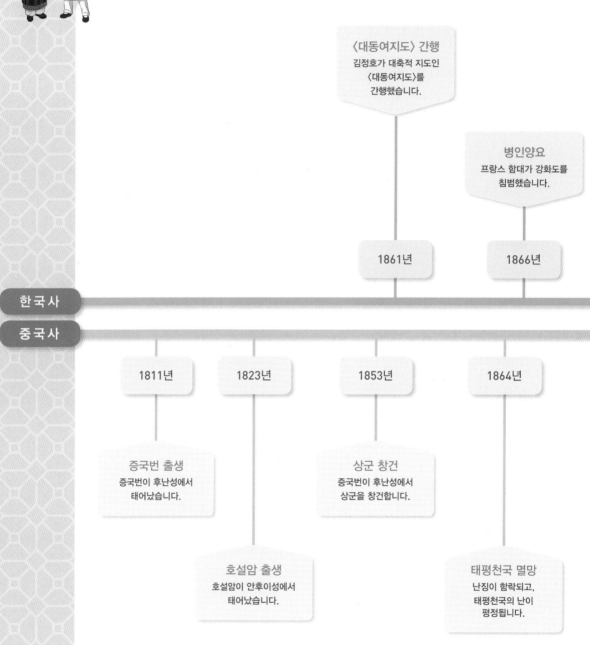

〈대동여지도〉 간행
김정호가 대축적 지도인 〈대동여지도〉를 간행했습니다.

병인양요
프랑스 함대가 강화도를 침범했습니다.

1861년

1866년

한국사

중국사

1811년

1823년

1853년

1864년

증국번 출생
증국번이 후난성에서 태어났습니다.

상군 창건
증국번이 후난성에서 상군을 창건합니다.

호설암 출생
호설암이 안후이성에서 태어났습니다.

태평천국 멸망
난징이 함락되고, 태평천국의 난이 평정됩니다.

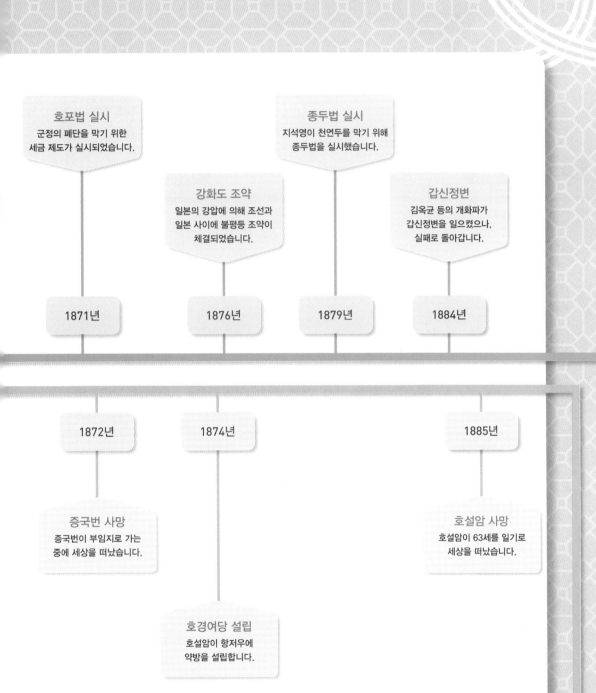

호포법 실시
군정의 폐단을 막기 위한
세금 제도가 실시되었습니다.

종두법 실시
지석영이 천연두를 막기 위해
종두법을 실시했습니다.

강화도 조약
일본의 강압에 의해 조선과
일본 사이에 불평등 조약이
체결되었습니다.

갑신정변
김옥균 등의 개화파가
갑신정변을 일으켰으나,
실패로 돌아갑니다.

1871년

1876년

1879년

1884년

1872년

1874년

1885년

증국번 사망
증국번이 부임지로 가는
중에 세상을 떠났습니다.

호설암 사망
호설암이 63세를 일기로
세상을 떠났습니다.

호경여당 설립
호설암이 항저우에
약방을 설립합니다.

칭기즈 칸
몽골 제국 수립
1206년

쿠빌라이 칸
원 제국 수립
1271년

주원장
명나라 건국
1368년

1356년
공민왕
쌍성총관부 폐지

정약용
《목민심서》 완성
1818년

홍경래의 난
1811년

정조
수원 화성 완공
1796년

1840년
제1차
아편 전쟁 발발

1839년
임칙서 아편 몰수

홍수전
태평천국 운동
1851년

증국번 · 이홍장
양무운동
1861년

1860년
최제우
동학 창시

1884년
김옥균 갑신정변

정화의 항해
1405~1433년

1392년
태조 이성계
조선 건국

1443년
세종 대왕
훈민정음 창제

1592년
임진왜란 발발

1598년
이순신
노량 해전 승리

박지원
《열하일기》 저술
1780년

1735년
건륭제 즉위

1616년
누르하치 후금 건국
청나라 중국 통일

청일 전쟁
1894년

캉유웨이
변법자강 운동
1898년

쑨원 신해혁명
1911년

중화민국 수립
1912년

1894년
전봉준
동학 농민 운동

1897년
대한 제국 수립

who? 인물 중국사 (전 30권)

who? 한국사 (전 40권)

who? 한국사 (전 40권)

58명의 인물 한국사 이야기를 만화로 읽으며,

선사 시대부터 조선 시대까지 우리나라 역사의 흐름을 꿰뚫는다!

who?
세계 인물

만화로 만나는
세상을 바꾼 위대한
인물들의 이야기

대한민국 최초,
미국 초등학교 부교재 채택

900만부 판매 돌파

대한민국 교육브랜드 대상
10년 연속 수상 (2011년~2020년)

소년한국일보 선정
우수어린이도서

어린이 문화 진흥회 선정
좋은 어린이 책

일본·중국·대만 등
9개국 수출

교육 전문가와 초등학교
선생님이 추천하는 위인전

초·중·고등학교
교과 인물 연계

※ **who? 세계 인물** (전 40권) | **대상** 초등학교 전 학년 | **책 크기** 188×255 | **각 권 페이지** 180쪽 내외

● 정치   ● 경제   ● 인문   ● 사상